聪明女孩的交际手册，闯荡社会的智慧锦囊

女孩的第一本人际交往书

聪明的女孩懂得借鉴别人的经验

愚蠢的女孩一再用自己的痛苦获取教训

马永霞◎编著

Ren Sheng Jing Yan

女人多一点幽默，轻松诙谐地面对人生百态，让生活充满乐趣和生机。女人增一分包容，优雅从容地面对世事纷争，气定神闲地应对人生烦恼。女人多一分淡定，在复杂的世事中活出自我，净化心灵、善待自己。

中国纺织出版社

内 容 提 要

女孩是喜欢交朋友的，开朗大方的女孩也往往擅长社交，然而因为敏感、心思细腻等原因，女孩的人际交往也充满波折，学点应对交际的知识对女孩来说是非常有必要的。

本书是一本女孩的交际行为指导书，书中大量的事例和案例解说让女孩能够轻松读懂并理解使用。通读本书，在收获朋友的同时呵护好自己的内心，在人际交往之中迅速而快乐地长大，成为一个通透玲珑的女孩。

图书在版编目（CIP）数据

女孩的第一本人际交往书／马永霞编著．—北京：中国纺织出版社，2016．3 （2022.6重印）

ISBN 978－7－5180－2287－8

Ⅰ．①女… Ⅱ．①马… Ⅲ．①女性—人际关系—青年读物 Ⅳ．①C912．1－49

中国版本图书馆 CIP 数据核字（2016）第 013385 号

责任编辑：闫 星　　　　责任印制：储志伟

中国纺织出版社出版发行

地址：北京市朝阳区百子湾东里 A407 号楼　邮政编码：100124

销售电话：010—67004422　传真：010—87155801

http：//www. c-textilep. com

E-mail：faxing@c-textilep. com

中国纺织出版社天猫旗舰店

官方微博 http：//weibo. com/2119887771

三河市延风印装有限公司印刷　　各地新华书店经销

2016 年 3 月第 1 版　2022 年 6 月第 4 次印刷

开本：710×1000　1/16　印张：15

字数：195 千字　定价：48.00 元

前言

戴尔·卡耐基说:“一个人成功的因素85%来自社交和处世。”对于年轻女孩而言,早一点深谙人际交往的艺术,早一点步入成功之路。21世纪是合作的世界,更是资源共享、财富共享的大时代。大凡聪明的女孩都懂得处理好人际关系,善于借助别人的力量改变自己的命运。毕竟年轻女孩的力量是有限的,建立和谐的人际关系,与人联合就可以壮大自己。在这个快速发展的时代,生存的关键是人脉,人脉就需要你具备很好的人际关系处理能力。对于年轻女孩子而言,如何处理人际关系?如何让自己在竞争中生存呢?

在现实生活中,大部分年轻女孩刚刚大学毕业就步入社会,要么太自负,要么太自卑。所谓初生牛犊不怕虎,自负的女孩所显现出来是我行我素、锋芒毕露,无形之中树敌无数;自卑的女孩太过平庸,内向的性格使得她终日活在自己的世界里,全然不知人际关系的重要性。这些女孩由于不能和某些人和谐相处而苦恼,这些矛盾频率较高地发生在上、下级、同事间、同学间、恋人间、亲人间。她们总是在埋怨“别人不好”,殊不知处理人际关系的钥匙就在自己手中。

可以毫不夸张地说,年轻女孩的成长、成功都是在与人交往的环境中完成的,甚至她的各种情绪也是和人际关系有着紧密的联系。有些年轻女孩大学毕业后,拿着高文凭,长得也漂亮,但找工作却处处面壁;有的年轻女孩资质平平,却赢得公司上下的欣赏,最终升职加薪一样不缺。为什么会出现如此巨大的差别？因为社交能力决定年轻女孩的命运。

年轻女孩要学会利用自己特有的魅力，广结人脉，成为事业爱情兼顾、坚强温柔并存的新时代女性。在好莱坞，流行着这样一句话："一个人能否成功，不在于你知道什么，而是在于你认识谁。"足以见得，和谐的人际关系是一个人通往财富、成功的入门票。现实告诉我们，不管年轻女孩从事什么职业或专业，只要善于处理人际关系，就预示着在成功路上走了85%的路程。大量事实告诉我们，善于社交的年轻女孩更有力量，善于社交的年轻女孩更具备竞争力，从年轻女孩初入社会的那一刻起人际关系就是必不可少的成功密钥。当然，一个善于处理人际关系的年轻女孩，最后所凭借的恰恰是良好的人际关系来开拓自己的事业，更因此展现女性独特的魅力。

编著者

2015年9月

目录

第 1 章

女孩闯荡社会，多点“贵人”帮助不吃亏

俗话说得好，读万卷书不如行万里路，行万里路不如阅人无数，阅人无数不如名师开悟，名师开悟不如贵人相助。一个女孩的成功并不完全掌握在自己手中，在整个人生旅途中，有许多外因在左右你的发展方向和进程，贵人就是这些外因中最重要的一种。

练就一双慧眼，才能识别你的贵人

关于红顶商人胡雪岩的故事，想必一些年轻女孩听说过。当时，胡雪岩不过是一个伙计，但他想要有一天自己要创业，想要自己当老板。他知道，如果自己真的要当老板，那仅仅凭一己之力是难成气候的，必须找一个志同道合的人才能成事。于是，他常常告诉自己，一定要找到可以相助的人，以增加自己的实力。那么，这个人到底是谁呢？那就是人们经常所说的“贵人”。对于年轻女孩而言，真正的贵人，并不需要多少，一两个就足够了。不过，并不是所有的贵人都会在头顶上写着“贵人”两个字，因此，可以慧眼识贵人，发现自己身边的贵人是很重要的。然而，在现实生活中，年轻女孩经常是把贵人错过之后或得罪之后，才后悔不已。对此，在饭局应酬中，年轻女孩要善于慧眼识人，找到属于自己的“贵人”。

小艾是一家酒吧的驻唱歌手，她与老板签订了合同，每个晚上都要去那里唱三首歌。这几天，小艾发现有一位40岁左右的男人经常来酒吧，他的风度气质都十分从容淡定，与众不同。在别的歌手唱歌时，那位男士只是静静地喝酒，但只要是小艾上台，他就听得非常专注，小艾对其印象十分深刻。

有一天，小艾在唱完一支歌休息的时候，走到那位男士的桌子旁边，举起手中的酒杯，微笑着对眼前的男士说：“先生，谢谢你为我这个无名小卒捧场，我敬你一杯！”男士问道：“小姐，你的歌声很有感染力，受过专业训练吗？”

小艾坐下来，把自己的经历简单地说了一遍。原来，小艾从小就喜欢唱歌，为了实现自己的梦想，她离开家乡到这个城市寻找机会。为了生计，她只好先在酒吧打工挣钱。这时，那个男人的手机响了起来，他掏出一张名片，对小艾说：“小姐，这是我的名片，明天你到这个地址找我，我们好好谈一谈。”说完就急匆匆地走了。

小艾看到名片上的名字，非常吃惊，原来，这位男士就是那个自己素来仰慕的音乐制作人，许多歌星都是从他那里走出来的。

在案例中，小艾如何慧眼找到了属于自己的贵人？这一切源于小艾自己的识人能力。关于对那位男士的印象，是这样的“他的风度气质都十分从容淡定，与众不同。在别的歌手唱歌时，那位男士只是静静地喝酒，但只要是小艾上台，他就听得非常专注”。首先，风度气质佳，这表示那位男士并不是什么登徒子之类，而只要小艾上台唱歌，他就听得很专注，那表示他感兴趣的是自己唱的歌，并不是自己这个人。这样一分析，即便对方真的不是贵人，也算是一个难得的知己。

那么，如何才能识别贵人并得到他的帮助呢？

1. 努力辨认谁是贵人

当然，贵人不会主动到你面前来，而是需要通过自身的努力才能遇到。首先你需要努力去辨认谁是贵人。年轻女孩或许会认为自己升职的机会取决于顶头上司的评语好坏，这想法或许是正确的，但如果更高的领导者可能觉得你的上司并不胜任，因此不在乎他的推荐，那你必须深入观察，在饭局中认识能帮助你晋升的贵人。

2. 不可急功近利

如果女孩听闻饭桌上有位某某局的领导在场，为了自己的一些事情，便不顾一切地贴上去，不断献殷勤，不断地说好话，这样的做法是不行的。越是关键的贵人，他越在意你的表现。如果你的表现让他失望，那他对你是没有任何好感的。所以，女孩即便遇到了贵人，也不要慌，慢慢来。

3. 努力提升自己的能力

所谓孤掌难鸣，没有贵人比较难成气候，但如果被贵人相中了，关键还在于你是否具备相应的能力。如果你没有一技之长，却想依靠贵人的帮助谋得职位，那肯定有一大堆人等着看你的笑话。假如贵人得知自己提拔了一个扶不起的阿斗，那对于他自己的能力也是一种讽刺。

交际点睛：

俗话说："七分努力，三分机遇。"虽然人们一直相信爱拼才会赢，但有些人就是拼了命也赢不了，关键就在于缺少贵人的相助。在攀向事业高峰的过程中，不可缺少的一环就是贵人相助，有了贵人，不仅能为自己加分，而且还增加了自己的筹码。所以，对于年轻女孩而言，识得贵人，找到自己的贵人，并博得他们的信任和赏识，这是成功的重要步骤。

贵人，你生命中的幸运之神

如果有人告诉你"今天将有贵人光临你身边"，你会相信吗？许多人似乎并不相信生活中会存在"贵人"这样的好运，然而，贵人光顾还真的会给当事人的生活和命运带来意想不到的影响。所谓的贵人，实际上就是赏识自己的人。或许，一个人不努力，缺乏真本事，别人不可能来赏识、栽培你，即便有人来推举你、提拔你，最后也会因为你缺乏能力而作罢。不过，假如是真的有本事的人，一直没有人来赏识你，那是否也容易受委屈呢？有本事而又愿意努力的人，加上有人提拔，会不会平步青云、早日获得应有的表现机会呢？尤其是年轻女孩，她们未来的成功虽然离不开自身的努力，但假如善于借助贵人的帮助，将会事半功倍。

安妮大学毕业后，应聘进了著名的跨国公司，自知英文很差，便死记硬背了所负责产品的英文解说词。有一天下班后她单独留在公司，办公室进来一个中年人，找了个座位坐下来就开始用电脑工作。

这时，一个客户的电话打进来，正好碰上是安妮所负责的产品，因为熟练，她流利地用英文"精彩"了一番。电话接完，中年人抬起头，说了一句："你是安妮？英文很棒吗！"

几句话聊下来，安妮才得知，眼前的是大中国区的董事长。从此以后，受到大老板鼓励的安妮信心大增，英文进步很快。而董事长也常常问起那个英文很棒的女孩子工作如何，出色与否，引得安妮的老板同事们惊讶无比。然后就是在董事长的光辉照耀下，灰姑娘变白天鹅之类的职场故事了。

年轻女孩初涉职场，在职场上抓住身边的贵人，是职业发展的窍门之一，同时也是职业成功较高的标志。女孩应该明白，贵人就是可以带给自己幸运，能够给自己提供帮助的人，能够给自己排除危险和危机的人。当然，贵人大多是有能力和身份的人。在自己的朋友圈中，假如你是最成功的一个，你就更难以成功。跟冠军在一起，自然容易成为冠军；与普通人混在一起，时间长了，你也就变普通了。与优秀的人和成功者进行交往，这就是年轻女孩应该做的，因为你的贵人也许就在这群人中间，别怕与大人物打交道，有时，你只是需要一些勇气。

布朗说：“使我自己无所不在并不是个苦差事，我喜欢这么做。当然了，跟那些掌权的人保持一种亲密的工作关系也不大可能有损我的事业，我从来不理解为什么其他人不这么做，结果使公司离开了他。”布朗是老板比利·盖次器重的员工之一，我们来看看他是如何赢得上司的青睐的。

从布朗被盖次公司录用的那一刻起，他就认为自己是一个“盖次”人了。在这之前，布朗应聘了许多家大公司，但那些公司都要求与众不同的教育背景，而盖次更看重业绩，鼓励实干。若是有博士生与中学辍学生一起工作，公司也会一视同仁。对公司这一点，布朗很欣赏，他觉得那是自己应该待的地方。

每天，布朗早上到班，除了老板比利·盖次，比其他人都早。这时，如果比利想抽支烟或者谈谈昨晚的足球比赛，而只有布朗在办公室，所以，比利就跟布朗聊。从聊天中，布朗了解到比利所在担忧的事情，他总是能够为之建议出好的解决方案来。对此，布朗在26岁的时候，就成为了老板比利身边的红人。

年轻女孩之所以容易失败，是因为不善于和前辈交际。第一次世界大战中法兰西的陆军元帅福煦曾说过：“青年人至少要认识一位深谙世故的老年人，请他做顾问。”萨加烈也说了同样的话：“如果要求我说一些对青年有益的话，那么，我就要求他们时常与比自己优秀的人一起行动。就学问而言或就人生而言，这是最有益的。学习正当地尊敬他人，这是人生最大的乐趣。”

不少年轻女孩总是乐于与比自己差的人交际，这确实很容易得到安慰，因为在与朋友交际时，能借此产生优越感。但是，从不如自己的人身上，明显是学不到什么的。而结交比自己优秀的朋友，可以促使自己更加成熟。人们可能会从比自己差的人那里得到安慰，不过也必须从比自己优秀的人那里得到帮助。

女孩的生命中有贵人出现，是成功道路上的一大转机。一切从困厄到顺利的转变，都将随着贵人的出现而发生。年轻女孩只有凭借贵人的帮助，事业才会拨云见日、步步高升。可以说，借贵人相助，是赢得成功最简捷、最有效的途径。

交际点睛：

年轻女孩不管有多么聪明，具备多么优越的条件，假如没有人帮助你，或者有人故意刁难你，那你就很难成为一名成功人士。每个女孩都盼望遇上贵人，但经常会有女孩感叹自己运气欠佳，一辈子遇不上一个贵人。实际上，这并不是因为你运气欠佳，而是你还没有敞开容纳贵人的心灵之窗。

女孩会沟通，结识你的贵人

中国的传统观念认为成功者是离不开“贵人相助”的，因此，每个年轻女孩都渴望生命中的贵人出现，因为贵人是她们通往成功的捷径。但是，大多数女孩并不知道，贵人有时候就隐藏在交际的陌生人当中。很多时候，陌生人就是乔装而来的贵人，他在随时考验着你。你要巧妙与之搭讪，拉近彼此之间的距离，这样你才有可能获得贵人的帮助。所谓的“搭讪”，也就是找个话题来跟对方打招呼，如果话题得当，那搭讪就成功了。反之，如果选择的话题不当，那反而会惹对方不高兴。所以，在交际中，与对方搭讪，你要巧妙策划，势必赢得对方的好感。

一个偏僻的小学破烂不堪，校长王女士多次按规矩层层请示拨款事项，却始终没有结果。无奈之下，她决定向本市木材厂的厂长求援。王女士之所以打算找该厂长，那是因为这位厂长比较重视教育，曾捐款一万元发起成立了“基金会”。

遗憾的是，王女士得知这个木材厂出现了一定的困难，她虽然深感希望渺茫，但也只好“背水一战”了。为了营造良好的气氛，王女士拿出自己的最后积蓄宴请了厂长。在席间，王女士开口就夸：“厂长，我今日在省城开会时听到教育界同人对您的称赞，实在敬佩！今日特地请您吃饭，以表过去您所给予的帮助的谢意。”厂长摆摆手说：“不敢当！过奖了。”王女士继续说：“厂长您真是一位有远见、有卓识的人，首创基金会，不但在本市能实实在在地支持教育事业，更重要的是，您的思想影响还很大。基金会由您始创，如今已由点到面，由本市到外市，甚至发展到全国许多地区了，真可谓香飘万里……”王女士紧紧围绕厂长颇感得意之处，从各个方面予以充分肯定，夸得厂长十分欢喜。

这时，王女士诉说了自己的“无能”和悔恨：“身为校长，明知校舍摇摇欲坠，危及师生的生命安全，我却毫无良策排忧解难。要是教育界领导都能像厂长您这样支援教育，只要拨一万元就能卸下我心头的重石，可是至今申报十几次，还是不见下文。”

这时厂长的脸上起了微妙的变化。他沉默了一会儿，然后说：“王校长，既然如此，你就不必再打报告求三拜四了，一万元我捐献给你们。”王女士听完后，紧紧地拉住厂长的手，满意地笑了。

在案例中，王女士所用的搭讪方式就是“赞美”，不断地夸对方得意之事，等到对方心花怒放之时，双方之间的关系也就拉近了；再适时说出自己的请求，那最终肯定会赢得成功。在交际应酬中，你要巧妙搭讪，适时把话说进对方的心窝里，这样才能赢得对方的好感，拉近彼此之间的距离。

1. 以环境为话题搭讪

有时候女孩可以谈周围的环境，就自然可以找到搭讪的话题。比如，当你们处在同一个候车室里，你审视了四周以后，开口说："在候车室里可以看到人生百态。"这就是一句很好的搭讪语，会让对方产生交流下去的欲望。

2. 以对方为搭讪话题

有时候你可以对方为搭讪话题。人们往往千方百计地想让别人注意自己，不过，大部分人只会关心自己。因此，以对方作为搭讪的开端，往往会令其产生好感，比如"你的衣服色泽搭配得真好""你的发型很新潮"，就可以让彼此由生疏变得熟悉。

3. 以提问作为搭讪

有时候，许多愉快的交谈是由一个问题开始的，你可以问对方："您每天的工作情况怎么样?"通常人们都会很热心地回答。而对于那些性格内向的贵人，不妨多提问，帮助对方把话题延续。

交际点睛：

在交际中，只要不是熟悉的人，都会怀着一份防卫心理，恰恰就是"防卫心理"成了你与对方融洽沟通的城墙。所以，只有年轻女孩通过巧妙搭讪消除对方的防卫心理，贵人才能打开心扉，他才会用心听你说话。当然，打开贵人的心扉就是让对方产生一种信任感，这是很重要的。如果你说的话无法引起对方的兴趣，那对方就不会对你产生信任感。

坚持自己，令贵人青睐于你

爱默生曾说："自信是成功的第一秘诀，谁相信自己的能力，谁就能征服世界。如果做一件连自己都担心不能成功的事，那么失败的结局在所难免。”即便是在贵人面前，女孩也要相当自信，保持自我，这样才能让贵人对自己刮目相看。贵人绝不是“以小人之心度君子之腹”的无能之辈，更不是斤斤计较、尔虞我诈之流。所以，贵人自有他的高明之处。如果你处处都顺从其心意，只会被其划分为“无能”之列。如果在贵人面前，你还能保持自我，坚持自己的一些见解和观点，那势必给贵人留下深刻的印象，也会让贵人对你另眼相看。

在交际应酬中，对一个问题，当身边的人发表了一些见解之后，你不能人云亦云，总觉得对方是自己的贵人，就凡事都顺从其，而把自己的想法压在心底。其实，贵人最看不起的就是那种人云亦云的家伙。对此，如果你真的有什么想法，就要大胆说出来，不能人云亦云。

交际点睛：

在这个世界上，每个人都是独一无二的，尤其是年轻女孩。因此，如果你要想赢得贵人的青睐，那就要学会保持自我的特色，展现自己身上最为独特的个性。反之，当你在不断地迎合别人的同时，也失去了自我的特色，变得再普通不过了。

与贵人寒暄，女孩须掌握技巧

年轻女孩对寒暄一词一定不陌生，因为在日常应酬中，无论是对同事或者亲朋好友，都会说上几句寒暄的话，用以沟通彼此之间的感情，创造出和谐的气氛。《现代汉语词典》关于“寒暄”的解释为：见面时谈天气冷暖之类的应酬话。寒暄的意思说白了，就是问寒问暖。寒暄是双向的感情交流，其基本功能是联络感情。寒暄在向人致意时注入了关怀，能给对方带来温暖。见面寒暄几句，虽说是一般的生活常识，然而不容忽视。它不但是社会交往的一种手段，而且几句“正中下怀”的寒暄话，可以为扩大人与人交往的其他话题寻找突破口，避免“话不投机半句多”的现象。寒暄的话题十分广泛，比如天气冷暖、身体健康、风土人情、新闻大事。但年轻女孩在与贵人的寒暄中，一定要适度，毕竟客套话说多了就显得虚假。同时，客套话一定要发自内心，才能起到“攻心”的效果。

周瑞娘子迎出来问：“是哪位？”刘姥姥忙迎上来问道：“好呀，周嫂子！”周瑞娘子认了半天，方笑道：“刘姥姥，你好呀！你说说才几年呀，我就忘了。请家里来坐。”刘姥姥边走边笑道：“你老是贵人多忘事，哪里还记得我们呢？”来至房中，周瑞娘子命小丫头倒上茶来吃，在问些别后闲话后，又问姥姥：“今日是路过，还是特来的？”刘姥姥便说：“原是特来瞧瞧嫂子你，二则也请请姑太太的安。若可以领我见一见更好，若不能，便借嫂子转达致意罢了。”

在这段对话中，刘姥姥与周瑞娘子说的大部分都是客套话。刘姥姥通过一番场面话，让周瑞娘子觉得，刘姥姥虽然是个出身寒酸的人，但还是很懂礼数的。而同时，刘姥姥也化解了自己寒酸的身份，之后双方再聊起正题就显得亲切许多，自然，周瑞娘子也会给刘姥姥一个见主子的机会。一些本来不好开口的话，经过场面话的客套之后，听起来就舒服多了。

那么，该如何与贵人寒暄呢？

1. 积极主动地问候

年轻女孩需要明白，寒暄语应要本着关心、敬重、友好之意，既不容许敷衍了事般地打哈哈，也不可用以戏弄对方。“来了”“瞧您那德性”“喂，您又长膘了”等，自然均应禁用。因此，你在与贵人相遇的瞬间，要迅速培养自己的愉快情绪，要争取主动，充分体现自己的良好愿望和真诚，要使对方感觉到你的问候是发自内心的，要使对方从你的言行反应中感受到自己的存在，使其受人尊重的心理需要得到完全满足。

同时，要集中注意力，任何漫不经心的言行都会使对方感到被人轻视。

另外，与人交谈时语调要和缓，声音要洪亮，要面带微笑。

2. 寒暄语应当删繁就简，不要过于程式化

例如，两人初次见面，一个说：“久闻大名，如雷贯耳，今日得见，三生有幸。”另一个则道：“岂敢，岂敢！”搞得像演出古装戏一样，就大可不必了。与贵人寒暄，言语的长短、内容的繁简、往复的次数多少要与双方关系的亲密程度成正比。

3. 内容要适当

与贵人相遇，你可与其寒暄，但见面后的四分钟内，只能有两三个回答往复的过程，最好作一般性的寒暄，如问候，互通姓名，谈论一些无关紧要的话题，应绝对避免使对方感到尴尬，触及对方隐痛，引发对方不愉快的回忆及易于引起争议的话题，也不可漫无边际。

寒暄的内容要根据对方的心情而决定，要分析对方当时的心情后再决定打招呼的内容和表情。比如对方家里刚发生不愉快的事，你从其面部表情上就可以分析出来，因此，在此时打招呼，声音就不要太大，语言不要太热情，或用询问式的语言，同时用安慰的语气来招呼。如果对方脸上喜气洋洋，你便可热情地打招呼，使对方感到温暖，进而展开话题。

4. 要注意场合、时间

如果在某些公共场合遇到熟人，如电影院、图书馆、咖啡厅、阅览室等，应有礼貌的寒暄，但一定要注意说话音量，注意不要打扰周围的人，避免大声喧哗；否则，音量过大，过于夸张，大呼小叫，是一种旁若无人的无礼行为。此外，在比较正式的场合，言行举止不宜过于随便，更要注意不要用“口头语”。

交际点睛：

寒暄是人际交往中不可缺少的会话形式，它是指人们见面时用一些应酬话或见面语，向别人问好，表示自己的慰问及友好态度。在人际交往中，

年轻女孩恰当地掌握或运用寒暄，能够为人际关系的和谐拉开序幕，但寒暄要适度，既要热情亲切，又不要阿谀奉承，要做到温和有礼。这样，才能使对方乐于接近你，从而产生与你交往的愿望。

不要怠慢饭局中的每一个人

在日常应酬中，那些重视饭局的年轻女孩，就可以在饭局中吃出“关系”，而那些不善于交际或者是没有用心去交际的女孩，往往会与某一位“贵人”擦肩而过。即便和对方一起喝过酒，吃过饭，却没有将其变成一个交往的机会，这实在是很遗憾的。日常应酬中的饭局，往往是因为这样或那样的交际目的而形成的，也就是说，在这个饭局中，很容易会出现一些对你人生发展有帮助的“贵人”，只是你经常会忽视这样的人的存在。对此，参加了一次又一次的饭局，兜里的名片还是那么几张，你所能依靠的关系还是那么微薄。但你可曾想过，自己参加饭局，到底收获了什么呢?

王先生的弟弟被人诬告，他慌乱之中询问身边的朋友。但身边的朋友都没有接触过这样的事情，也不知道该怎么办才好，只有建议他去找律师。王先生说他过去也认识几位律师，还在一张桌子上喝过酒，但已经好久没有联系了，律师曾经给他的名片也早不知丢到哪里去了。对这样的情况，他无计可施，长叹了一口气说:“嗨，人到用时方恨少呀!”

在生活中，年轻女孩是不是也像王先生这样，当自己遇到事情需要帮助的时候，才从脑海中浮现出一些面孔，那都是往日与自己喝酒吃饭的人，但因为自己一时的疏忽，竟然无法及时地联系到那些人，这时该是多么的遗憾啊。其实，造成这样结果的原因在于，你在饭局中怠慢了一些人，比如，当别人递过来名片的时候，你并没有留意对方的职业，甚至，你根本没关注过对方。因此，在饭局中，千万不要怠慢每一位宾客。

朋友乔迁新居，小周主动积极帮忙，不仅帮忙搬家具，还布置了新家。

兴奋之余，大家提议在新家办一个宴会，作为朋友的小周也积极加入东道主的位置中来，积极准备餐具、食物，希望能够为朋友帮帮忙。

宴会当天，朋友家里来了许多人，有些是小周不认识的。虽然，小周早就听说朋友关系网比较广，但看到满屋子的人，她还是觉得惊讶。看着忙碌的朋友，小周觉得自己作为主人的好朋友，不能怠慢了在场的客人。于是，她端着一杯酒，挨着与那些陌生人打招呼，顺便介绍自己：“我是阿楠的朋友，请叫我小周就好了。”由于小周面带笑容，语言有趣，许多顾客都忍不住回头多看了她几眼。这时小周发现在角落里坐着一位男士，他安静地坐在那里，摆弄着手机。小周见状，走上前说：“怎么？准备的食物不合您的胃口吗？”男士抬起头，微笑着不说话。小周为其倒了一杯酒，举杯说：“在这个高兴的日子里，难道你还有理由拒绝加入我们吗？”男士忍不住笑了，两人闲聊了起来，临别之时，那位男士递给小周一张名片。这时站在小周身边的阿楠说：“你知道他是谁吗？”小周摇摇头，阿楠继续说：“他就是本市有名的房地产商的儿子，最近好像跟女朋友分手了，心情不是很好。你前阵子不是说要为爸妈买一套房子吗？在这方面，你可以找他帮忙。”“真的吗？”小周不敢相信，仔细一看那张名片，果真像朋友所说的那样，看来自己一不小心就遇到了“贵人”。

试想，如果小周当初没有去理会那位坐在角落里的男士，估计她也就丧失了与其说话的机会，自然就不可能遇到贵人了。在生活中，有人抱怨自己遇不到贵人，事实上，所谓的贵人是靠自己去寻找机会认识的，他是不可能来主动找你的。贵人就隐藏在一些饭局中，只要你不怠慢任何一个人，那就有机会认识贵人。

在生活中，跟一些陌生人吃饭的事情是经常发生的。这时，女孩千万不要觉得这不过是一起吃顿饭，吃过饭，大家还是各走各的路。其实，你与贵人之间有无交集，就看你自己的表现了。对于饭局中的陌生人，你不要怠慢，更不要忽视，而是主动去认识他们，尽量拿到对方的名片，这样你的朋友名册中又多了一个名额。

交际点睛：

贵人大部分都是比较自我的，他不是那么随意就能对你产生好感的。因此，在饭局中，你要善于用自己年轻女孩独有的热情去感染贵人，令其对你产生深刻的印象，这样等到下次见面，说不定双方已经成为不错的朋友了。比如，在席间，不妨说："有朋自远方来，不亦乐乎，来，今天咱们既然有幸坐到了一起，那就干了这一杯，然后我们就是朋友了。"

年轻女孩，学会识别真假贵人

涉世未深的女孩，不要逮着一个有钱有权的就认为那是自己的贵人。诚然，那些有专长、有思想、有主见、有人缘、有影响力的人都有可能是你的贵人。但值得注意的是，所谓的贵人，并不一定是比你资深、年长的人，也并不一定是有权有势的人。年轻女孩总是抱有这样的幻想，她们希望找一个有力的肩膀靠一靠，因为父母不在身边，希望遇到一个有钱有权的男人，且认为这样的人就是自己的贵人。所谓防人之心不可无，单纯的年轻女孩很容易会遭遇一些虚假的贵人，他们披着伪善的外衣，以"贵人"身份令你对其深信不疑，然后再实施他们的骗子伎俩。所以，年轻女孩，仔细观察对方，学会识别哪些是真假贵人。

席间，小莫注意到坐在对面中间的那位男士很陌生，自己从来没见过。不过，好在身边都是熟悉的朋友，她也没多在意，轮到自己敬酒的时候，小莫对那位陌生的男士说："朋友，虽未谋面，但毕竟坐到了一起，咱们干一杯。"说完，小莫一饮而尽，那位男士一脸歉意，说道："实在不好意思，我最近刚做了个手术，还不能喝酒，我就以茶代酒敬你，以后有机会我一定补回来。"这话说得小莫有些不好意思："没事，你随意你随意，大家喝得是健康，更是感情。”

在喝酒间，当大家聊到最近很火的“房地产”，那位男士说话了：“我觉得这个没必要担心，政府肯定会进行宏观调控，毕竟在目前看来，大多数人是买不起房子的，如果任由房价疯涨，那最后的后果是不堪设想的。”小莫回答说：“政府？政府只懂得帮那些有钱人，谁会站在我们这一边啊，只要房地产老板多给政府纳税，那房价还是会一样疯涨。”那位男士虽然不是很认同小莫的说法，但他并不争论，而是友好地说：“小妹妹，对政府要给予一定的信任，我们的生活才有可能更好。”在整个交谈过程中，小莫发现那位男士说话文质彬彬，全然没有粗口之词，而且说到“政府”的时候，他总是满脸虔诚。小莫推断，对方肯定在政府工作。

果不其然，饭局散了，那位男士递给饭桌上每个人一张名片。小莫拿过来仔细看才明白，是市政府的一位工作人员。难怪，难怪，小莫心里直嘀咕，幸好刚才自己没跟他争论下去，否则肯定会得罪这位贵人了。

一个人说话不仅透露了其心理，而且在话语的细枝末节中透露一些与其职业、身份有关的词语。比如，一个在银行上班的人，总会不断地说到“金融”“经济”“储蓄”等词汇；而一个在政府上班的人，不断会说到“政策”“国家”，他所说的出发点是维护政府所做的一切。这是因为一个人在饭桌上的谈资太多会涉及自己的工作、职业，如果你能仔细倾听，就可以判断出对方是怎么样的身份。

交际点睛：

当一个人在说话的时候，不可能完全回避自己的职业和身份。假如你与一个陌生人同桌吃饭，在这之前你是不知道对方的身份和职业的。在这样的情况下，你需要认真倾听对方所说的内容，总有某些词汇会给你提供一些信息，告诉你对方所从事的是什么工作。然后你再极力去辨别信息的真伪，以防遭遇虚假贵人的欺骗。

第2章

女孩别孤身奋战，打造交际朋友圈

年轻女孩需要擅长交际，编织出高品位的朋友网。新时代女性要学会利用自己特有的魅力，广结朋友，成为事业家庭兼顾、坚强温柔并存的完美女孩。正所谓“近朱者赤，近墨者黑”，结交一些有品位的朋友，有助于提升自己的品位，同时也可以帮助自己在事业上取得成功。

女孩是天生的最佳推销员

女孩天生就是最佳的推销员，这件事，很多年轻女孩都不知道。曾经有一位语言学家简单归纳男女性运用语言的目的："男性用语言维持权威与独立，女性用语言创造亲密联系。"这样看来，女性在交际方面是非常擅长的，因为她们善于用自己的语言来与人建立友好的关系，取得他人的信任。如此说来，年轻女孩在一定程度上就是天生的最佳推销员。

我们常常会看到，无论是在一个豪华的大商场，还是在街边的一个不起眼的小店铺，那里的营业员几乎都是清一色的女性。事实证明，女性是善于向别人推销东西的，她们用自己的三寸不烂之舌，常常把你夸的找不到方向，还会把产品的功效吹得天花乱坠，再加上她们适时的微笑、亲切的目光，就会让你在不知不觉间进入圈套，乖乖掏钱买东西。

另外，女性天生就有一种当推销员的潜质。你有没有发现，自己购买的决定常常是来自闺蜜的介绍。为什么你总是习惯性地在一家服装店购买衣服？是因为碰巧呢还是因为某个死党或者同事介绍的结果？为什么你总是在朋友的推荐下选择餐馆就餐？从平时早餐在哪里吃，哪家的东西又便宜又好看，哪家的水果新鲜又好吃，到哪个品牌的化妆品最好用，你都一直在朋友的"推销"下决定购买。而且你也会觉得要"投我以桃，报之以李"，于是，一旦你发现了什么有趣的、好玩的东西，就会马上打电话告诉朋友，毫不吝惜地介绍你掌握的那些讯息。于是，人们总是在彼此"沟通"并"分享"的过程中无比的快乐。女性喜欢与人建立友好的关系，并且习惯从建立的关系脉络中去消费。

小王是一位新新女性，她在公司被大家亲切地称为"万事通"。公司里的同事碰见了任何自己弄不清楚的问题只要找到她，都能解决。小至去哪家餐馆为同事庆生，大到去哪家公司开展文化活动，她都能一一解决。只要你有什么问题，打电话给她，不仅能够享受殷勤的服务，还能获得自己满意的答案。就连公司职位空缺，她也能介绍优秀的人才过来；你想换一份工作，也可以向她征询，并通过她的朋友找到合适的工作。平时上班休息的时候，总能听到她的声音。她又在把什么好吃的东西、好看的书籍、物美价廉的物品推销给同事了。

老总每每见了，总是忍不住说："小王，你就是个优秀的推销员啊，不去干销售那行太可惜了。"

小王毫不在意地说："这有什么好稀奇的，我们女孩都是这样，喜欢通过朋友的介绍购买东西。"

老总的一句话说出了答案，女孩天生就是一位优秀的推销员，而小王的一句话道破了玄机，女孩天生就有做推销员的潜质。如果把这一份难得的潜力，运用在日常生活中、工作中，恰当地推销自己，那么，你就能在别人面前展现自己的优点，秀出自己的魅力。

年轻女孩在日常生活中很乐意跟人打交道，比如说一位女性，她虽然搬家到一个新环境才一周，但是她也会在短短时间里，建立一套属于自己的人际关系。女性与人短时期的接触，达到的熟识程度令人惊叹。所以有人举了一个鲜明的例子：一个男人在同一家餐厅吃了一年的午餐，和老板熟络的程度还不如新来三个月的女同事。女性很享受与人建立关系过程中的乐趣，这对于推销女性自己是非常有利的。在与人愉快交往的时候，你已经把自己成功地推销了出去。

年轻女孩天生就有一份做推销员难得的热情，能够成功地把某些东西"推销"给亲朋好友，长时间免费地为商家做宣传，并且孜孜不倦，乐在其中。如果能把自己的这样一种热情，用来推销自己，那么就能成功地把自己营销出去，使自己成为人见人爱的女孩。每遇见一个人，年轻女孩都要擅长自我推销，抓住机会适时地表现自己，显露自己的优点，取得别人的信任，乃至赞赏。

交际点睛：

当你与人谈话时，你都要学会推销自己。或是无时无刻地表现出你仪态的优雅，或是你充满自信的笑容，或是你对一件事情独到的见解，或是你的独立，或是你的不俗谈吐，或是你的真诚，以及你特有的温柔。当他觉得与你交谈是一件比较愉快的事情，认为你是一个不错的女孩，并且愿意为你介绍一些不错的朋友。那么，这时候，他已经肯定你了，你已经把自己成功地推销出去了。一个成功的推销员不是能把产品推销出去，而是成功地把自己推销出去。年轻女孩要聪明地学会利用自己的天赋，在工作中，在生活中，在社交场合，把自己成功地推销出去。

互诉衷肠，拉近与朋友之间的距离

在日常生活中，许多年轻女孩在办事时会抱着“有事有人，无事无人”的态度，需要帮忙的时候，就百般献殷勤；反之，如果不需要帮忙的时候，就装作不认识人。其实，有这样的心态是不恰当的，长久以往，所有的人都会远离你，你所能请求的只能是自己。年轻女孩需要明白，朋友之间，平时应注重与对方“谈谈心”“喝喝茶”“吃吃饭”，互诉衷肠，一方面，能增进彼此的感情，另一方面，还有机会表现自己的关怀。在这样多次接触之后，对方一定会将你当作最知心的朋友，好朋友需要帮助，她们怎么能袖手旁观呢？

公司大会上，由于上个月的工作出现了差错，作为负责人的王姐被总经理当众批评了一顿。散会后，同事们纷纷都离开了会场，只留下王姐一个人在那里伤心抹泪，这位被同事公认的女强人不过也是一个柔弱的女子。

销售部的肖丽也留了下来，她坐到了王姐旁边，掏出包里的纸巾，双手递给王姐，安慰道：“王姐，你也不要气馁，你的能力大家都是知道的，这一次不过是意外，那经理说话也太狠了，一点都不顾及你是一个女孩。”一语道破了王姐的伤心处，脸上的眼泪掉得更欢了，肖丽拉着王姐的手，亲切地说：

“你真的不要太伤心了，这样很伤身体的，你还要留着力气工作呢。”王姐点点头，搂着肖丽的肩膀哭了起来。不一会儿，在肖丽的开导下，王姐的情绪慢慢平复了下来。

渐渐地，肖丽成了王姐的知心朋友，每次王姐遇到了烦心事，总是会找肖丽倾诉一番，而肖丽总是能够真诚地给予安慰。对此，肖丽每每遇到工作上的难题，王姐总是主动帮忙。在这样的帮助下，肖丽工作越来越好，成了销售部里一名出色的业务员。

为什么肖丽在工作上能够得到王姐的帮助？这并不是天上掉馅饼的美事，凡事都是有因果联系的。如果不是肖丽平日里多找王姐聊天，在话语中表达自己的关切之语，王姐怎么会信任她呢？其实，对于朋友之间的情谊，年轻女孩千万不能“临时抱佛脚”，没有平日的点滴关怀，哪来关键时刻的拔刀相助。所以，平日里要与朋友多谈心，增进感情，增加信任度，在聊天中适时表达自己的真切关怀，以真情打动对方，从而赢得朋友心。

1. 互相倾诉

在日常应酬中，不仅仅是倾听朋友的哭诉，还需要诉说自己的一些事情，这样才能达到拉近心灵距离的目的。有的人只是心不在焉地听朋友说，结果，朋友说的是什么，他完全不知情。如果你认真地听朋友诉说，那定会有一番自己的见解，比如类似经历的感想，说出自己的一些心里话，去安慰朋友，同时也安慰自己。这样反而会增进彼此的感情，因为这是一次心灵的交流。

2. 专注、认真地倾听

与朋友的相处过程中，人们往往是用语言交流思想，用心沟通感情。朋友之间的沟通与交流不仅仅是语言，在很多时候，女孩们都很容易忽视了耳朵的作用，那就是认真地倾听。

面对朋友的倾诉，除了倾听之外，年轻女孩需要适时地重复朋友话语中的关键字眼。毕竟，倾听比说话更需要毅力和耐心。假如你只是埋头玩自己的手机，或者把头瞥向一边，这样无疑会打击朋友的积极性，这样的安慰也宣告失败。因为只有听懂了朋友表达的意思，才能沟通得更好。倾听是说话的前提，先听懂朋友的心里话，再表达出自己的想法和观点，才能更好地安慰朋友。有效地倾听也可以拉近彼此的心灵距离。

交际点睛：

在生活中，你经常会接到朋友带着哭腔的电话，她们一遍遍地描述自己在感情中受到的伤害，一遍遍倾诉自己的苦恼，这时候，你所需要做的就是认真倾听。对朋友来说，倾听是一种交流，更是一种亲近的态度，同时，它更容易打动朋友的心，因为只有倾听才能真正地走进对方的心里。

记住关于朋友的趣事

年轻女孩之间，彼此肯定会有一些小秘密，诸如某年某月某日，一起去了某地方度过了愉快的一天，另外，还包括朋友的生日、朋友喜欢的东西、朋友吃的食物等。这些都是朋友之间的秘密，同时，也是维系朋友之间的纽带。如果你连朋友最爱吃的食物都不知道是什么，那么，想必你这个朋友并不太“上道”。如果被朋友无意间知道了你的大意，那么，朋友肯定会对此感到非常失望。每个人都希望自己能在他人心中占据一定的分量，即便对于朋友也是如此，千万不要认为只是朋友，就没有必要记住关于他的一些事情。

事实恰恰相反，如果你想延续一段较为长久的友谊，则应该努力记住所有关于朋友的小事。尤其是小事，事情越小，你记得越清楚，那就足以证明朋友在你心中的位置越重要。相反，如果你连最简单的事情都没能记住，那么，朋友心里肯定会很受伤，觉得你并不在乎这段友谊，而彼此之间的关系也会逐渐疏远。所以，要想打动朋友的心，那就要让朋友觉得他在你眼里很重要，而比较恰当的方法就是：努力记住所有关于朋友的趣味小事。

小莉的朋友很多，更令人感到奇怪的是，她好像与每个朋友的关系都极为密切。对此，有人好奇地问道："你是如何打动朋友的心？"小莉笑呵呵地说："其实，秘诀很简单，我总是努力地去记住关于他们的一些小事，比如很久前的一天我们一起去餐馆吃了一顿大餐，去年夏天我们一起旅行了，前年冬天她送了我一件特别的礼物。可能，我并不知道朋友家里的具体住址，但是，我能记住这些事情，那就表明她在我心里的位置很重要，自然而然地，就打动朋友了，彼此的关系也就更深了。"虽然，小莉的话有些匪夷所思，但是，她确是用自己的亲身经历证明了朋友之间相处的真正秘诀。

这天，小莉遇到了三年不见的老朋友，一见面，彼此就寒暄，小莉脱口而出："好久不见了，老朋友，记得三年前，我们可就是在这座城市分别的，你走的那一天，我准备来送你的，没想等我赶到了机场，你早就走了。这一别，却在三年后的今天才相见了，真是岁月匆匆啊。"那位朋友本来还觉得彼此有些生疏，但一听这话，心里感觉暖暖的，话语里也亲近了不少："你还是这样，记性真好，很多小事情都记得清清楚楚的。"小莉有些得意起来："那当然了，我记得你最喜欢看韩剧了，读书那会，你跷课整整三天，就为了看《蓝色生死恋》，去年冬天，你还打电话通知我看《那天冬天风在吹》呢……"几句话一说，两人顿时找到了当年那种亲密的感觉。

小莉通过记住关于朋友的一些小事，以此来拉近朋友之间的距离，同时，让朋友感觉到自己在对方心中其实占据着很重的位置。努力记住所有关于朋友的小事，虽然，这听上去很简单，但是，真正做起来却是一件不容易的事情。毕竟，我们不仅要去记住那些小事，而且是用心记，如果你只是马虎了是，那难免会张冠李戴，朋友听了心中自然会觉得失望，彼此的关系也会疏远了不少。

1. 记得的事情越小，越有价值

事情越小，才越有价值，当你在朋友惊诧的目光中回忆起那件小事，她一定会忍不住惊叹:“这么小的事情,你还记得,这么多年过去了,我早已经忘记了。”她会这样说,其实也就是心中洋溢着兴奋之情。没有多少人能用心来记住别人的事情,你记住了,那就向对方表明你心中一直挂念着这位朋友,如此,就能赢得朋友的好感。

2. 记住的是朋友的“好事”

朱元璋当了皇帝之后,一位旧时朋友来巴结,当他讲了一些曾经的趣事之后,却没想到朱元璋勃然大怒,不顾旧时情谊,将那位朋友赶了出去。原来,朋友所讲的事情是朱元璋之前的丢脸事情,自然,这样的“用心”根本不讨好,反而害了自己。

交际点睛:

记住所有关于朋友的小事,并不是指你凡事都需要记下来。比如朋友丢脸的事情,那些就是不宜记住的,如果你记住了,而且,在某些场合还将它当做谈资说出来,那朋友面上可就挂不住了。因此,关于朋友的事情,要多记住好事,比如让朋友脸上有光的事情,还有就是能证明彼此感情的小事,这样,你才能真正地走进朋友心里,达到增进感情的目的。

亲密有间,友谊更长久

年轻女孩喜欢凑一堆,叽叽喳喳,在她们看来,既然朋友之间无话不谈,那么自己对朋友也没有什么好保留的。于是,她们在聊天的时候,想增加朋友之间的亲密度,把自己的所有隐秘的事情都给朋友说了。其实,即便是最亲密的朋友,也不要凡事都告诉给对方,给自己一片自由的空间,因为亲密有间才会让彼此之间的关系更可靠。在更多时候,正因为朋友之间保留了一部分,才会使彼此的关系更加稳固,使彼此的交往更具有吸引力。

小李个性比较外向,喜欢张扬自己,和关系不错的朋友聊天聊得愉快了，就喜欢拿来和其他的朋友分享。

当她刚开始踏进社会的时候，进了一家广告策划公司，居然遇到了比自己大一届的学长，虽然在学校都没有见过面，但是相同的专业让她觉得很亲切。她与学长特别聊得来，学长为了帮助她尽快进入员工的角色，经常关心她的生活，了解她的工作情况。为了提高小李的工作进度，他还经常在下班之后留下来，耐心地为小李讲那些工作流程，细心地纠正她在工作中出现的错误。可是，当学长偶然听说，小李把他们的聊天内容说给了其他朋友听后，他便不再和小李聊天，只是偶尔淡淡地问候。

直到现在，虽然小李看见学长还能亲切地叫一声，但是总是感觉他们之间的距离越来越远，再也回不到从前。小李很后悔当初自己的行为，没有很好地尊重学长，破坏了彼此之间的关系。

年轻女孩与朋友交往的时候，需要表现出对他的充分尊重。这样的尊重不仅仅是尊重朋友之间的情谊，更重要的是尊重其隐私。无论对方与你谈论了些什么，都要视其为你们之间的秘密，是不可以随便向其他人说的。因为朋友心里大多都是很娇气的，有时候你无意的一句话，无意表现出来的一个动作就会伤害对方，进而影响双方之间的关系。朋友之间，适当留出一个空间，才能够让各自自由呼吸。

年轻女孩需要明白，每个朋友都有自己的隐私、生活圈子，还有一些不为人知的个人经历，以及难以启齿的话语，这些都是需要你自己保留的，只铭记在心里，而不要把这些作为朋友之间的谈论话题。如果你毫无保留地告诉朋友，只会让朋友觉得“你是个傻瓜”，或者对方根本就对你的这些隐秘的事情不感兴趣。最为关键的一点，那就是万一你的朋友是个当面一套、背后一套的人呢？经过他的嘴巴把你的那些最为隐秘的事情，弄得满城尽知，到时候丢失颜面的只会是自己。而且你在与朋友交往的时候，并不能确保你们之间就能一直维持和谐的关系，不会出现任何矛盾。一旦你们之间有了矛盾，那就会激起对方的报复之心，把你的那些秘密抖搂出去，那时候已经追悔莫及。

1. 尊重朋友的隐私

朋友之间最重要的就是互相尊重，不仅仅是尊重朋友，更需要尊重朋友的隐私。即便是你最好的朋友，也会有意无意地伤害到你。因此，朋友之间需要保留自己的那份自由天地，既需要为自己保留，更需要为朋友留一个自由的空间。

2. 留出朋友之间的空间

年轻女孩在平时的人际交往中需明白，人与人之间都存在着一定的心理距离，正是有这样一种距离，才使得人际交往更为顺利。朋友之间也是需要保持一定距离的，既要有距离，也要保持一定的弹性。只有保持朋友之间的这种弹性美，才能使双方之间的友谊更加长久。

交际点睛：

如何保持朋友之间的弹性美？这就需要女孩们从两个方面做起，一方面，需要正视与朋友之间的关系，真正的朋友既不是施舍，也不是同情，而是一种绝对的信任和真诚；另一方面，需要与朋友之间保持一定的距离，不要凡事都干涉对方，不要主观地认为自己永远是对的，每个人都有自己的想法，你没有资格强求对方按照自己的意图办事。

关键时刻帮朋友说句话

在日常交际中，身边的朋友有可能因为固执己见而与人争论不休，或因一句不适当的话而陷入尴尬场景中，或因突发状况而形成难堪情境等。这时局面陷入僵持，难以缓和的气氛横亘在交流双方之间，整个场面就如同冰山一般冷掉了。这时候，女孩需要适时地说几句话来打圆场，化解尴尬的气氛，使交流得以正常地进行下去。其实，生活中难免发生一些猝不及防的意外事情，这会让朋友遭遇尴尬或不快，甚至引发了不必要的麻烦，轻则令人恼心，重则在心里结下疙瘩。在关键时刻，就需要帮朋友说句话，帮忙打圆场。

有一次小娜和几个同事一起去参加省里的业务考试，当她们走进考场时，只见阿梅的桌子上钉有三颗大钉子，且凸出很高。不难想象，这不仅会刮衣服，同时也会影响答题的速度。阿梅一脸的怒气，要求监考老师换桌子。可监考老师说："现在不能换，别违反考场纪律！"阿梅气得柳眉倒竖，连说："真倒霉，不考了。"小娜见了连忙说："有几颗钉子算什么！"阿梅说："你说得轻松，这可是三颗钉子，躲都躲不过去呢！"小娜说："你太幸运了，我还求之不得呢！"阿梅说："你别拿我开心了，这么倒霉的事要让你碰上，你还能说幸运？"小娜说："你知道这三颗钉子说明了什么吗？这叫板上钉钉！说明你今天的三科考试铁定都能过关。"阿梅听后马上转怒为喜："借你吉言，我要是三科都及格了就请你吃饭。"结果一个月后发布成绩，阿梅果然三科都顺利过关。

本来桌子上有三颗大钉子是令人生气的，更何况还要坐在这里考试？这时候，小娜为了打圆场，在朋友阿梅气恼成怒的时候，将"板上钉钉"的俗语与考试联系了起来，积极的联想，冒出吉言"三科铁定都能过关"，这话正好说到了阿梅的心里。如此的解说，自然赢得了朋友的好感。

1. 幽默解说

在应酬场合，过于严肃和枯燥的气氛往往不被人们所接受，这时候就需要用幽默的语言把它变得灵活些、有趣些。有时候，一个敏感的问题使整个场面僵掉了，甚至妨碍了正常交际的进行，这时候就可以通过幽默的解说将问题诙谐化，打破僵局，使交际得以顺利进行。

2. 强调问题的合理性

有时候朋友可能是因为在特定的场合做出了不合时宜、不合情理的举动，这令旁人看起来很费解，导致了整个局面的僵持。这时候你就需要找一个角度或借口，强调朋友行为的合理性，这样就能打破僵局，缓解气氛。

3. 利用谐音巧解

有一个货车司机的车牌号码是“16444”，亲戚朋友都说这个数字不吉利，车主一下子无言以对。这时候，朋友却说“你这个号码好，它们可以理解为‘多拉发发发’，只要你多拉货，就一定能发财”，利用谐音巧解，打破了僵持的局面。

4. 逆向思维

面对突如其来的尴尬局面，朋友无可奈何的时候，你可以跳出固定思维，从问题、事情的反面去思考，做出让双方都满意的解释，打破本来僵持的局面。

交际点睛：

在交际中，假如朋友出现了尴尬局面，女孩可以利用突发事件与语言之间的玄妙之处进行机智的解答，就会使朋友转忧为喜，同时对你产生感激之情，而且也会使整个紧张气氛得以缓解。峰回路转，你只需要三言两句就打破了僵局，同时也赢得了朋友的情谊。

不要透支友情

生活中，年轻女孩有的喜欢找朋友帮忙，有的女孩却乐于帮助朋友，前者储蓄人情，后者在透支人情。当女孩在银行开个户头，就可以将一些闲散的资金储蓄起来，以备不时之需，她储蓄得越多，她的财富就越富足。其实，人情也是可以储蓄的，与人联络感情，拓展朋友，就好像往银行里不断地储存一样，存得越多，存得时间越久，你可以获得的利息就越多。与存钱不同的是，建立人情存折就是把银行开在朋友的心里，为了维系你们之间的关系，而存入一些真情、关怀。你在人情存折中存入的人情越多，与朋友之间的感情就越深厚。

在浮夸的中国互联网世界中，马云是一个异类，他不懂电脑，不懂管理学；他不懂广告，不许公司做广告；他不仅不会高薪聘人，对进来的人还减工资。他说："网络公司没好日子了，中国新经济就有希望了，现在热闹的是造工具的人。"他认为自己很傻，"像阿甘一样简单"。然而正是这样的公司，软银的孙正义，在6分钟内，决定投资上亿元，被国际媒体称为继雅虎、亚马逊、易贝之后的第四种互联网模式。因为所有的中国网络公司都是美国某一个模式的翻版，只有它是例外。马云给中国互联网公司吹来一股返璞归真的清新之风。

马云从小就是一个"傻孩子"。他小时候爱打架，打了无数次的架，"没有一次为自己，全是为了朋友"。"义气，最讲义气"。打得缝过13针，挨过处分，被迫转学杭州八中。由于家庭出身不好，家庭压力大，父亲脾气火爆。马云在父亲的拳脚下长大，待不住家，却特别爱交朋友。马云在读大学的时候，是院学生会主席和杭州市学生联合会的主席，结识了许多朋友。他能够在杭州比较顺利的发展，与学生时代积累起的人脉关系密不可分。后来，马云创建阿里巴巴，启动资金就来自他的亲戚、学生、死党朋友，以及几个曾经跟他从杭州到北京，再从北京回杭州的老部下。

美国人际关系大师卡耐基说："一个人的成功，专业知识的作用占15%，而其余的85%则取决于人际关系。"只有你处理好了人际关系，才会拥有丰厚的朋友资源，马云无疑是这一类人的佼佼者。正是他不断地储蓄自己的人情账户，所以，那些丰厚的财富也成就了他的一生。

1. 尽量少动用人情

对于人情储蓄来说，宜储存却不宜透支。尽量把人情用在刀刃上，女孩应该查看自己人情账户上，你与对方的交情究竟有多少，人情有多重，掂量事情的分量，再决定要不要找对方帮忙，千万不能没有轻重缓急。

当年轻女孩遇到事情的时候，尽量靠自己去解决，动用人情的次数要尽量少，以免透支人情。另外，假如你真的获得了对方的帮助，应该适当地回赠，比如主动帮对方、请吃饭都可以，千万不要认为人家帮助你是理所当然的，否则你的人情还是被透支了。如果你动不动就请人帮忙，时间久了，你就会逐渐变成一个不受欢迎的人。

2. 不断储蓄人情

如果女孩想建立持久的朋友关系，就需要不断地增加人情储蓄。因为朋友之间也是互惠互利，彼此之间都有所期待，假如你不及时储蓄人情，就会使原来的信赖枯竭了。在生活中，你偶尔到来外省，遇到了一个老同学，即使多年没见，但依然可以重拾往日的友谊，没有一丝生疏之感，那是因为过去积累的人情还在。

但在生活中与你经常接触的人，就必须要经常投资，否则发生透支，就会令人措手不及。在我们身边经常有这样的人，帮助了别人，就觉得有恩于人，于是怀着一种优越感。其实，这样的心理是很危险的，会在无意之中透支了自己的人情账户。

3. 人情不宜透支

助人为快乐之本，只要你怀着热忱，善于帮助别人，多储蓄一些人情，就会获得更大的帮助、更多的人情。以前经常听人说“信用卡透支了”，稍有不慎，你也会透支了人情账。当你的人情一旦透支了，你们之间的感情就会变淡了，甚至对你避之唯恐不及，这时候，你的人情账户已经没有任何作用了，反而自毁了信誉。

交际点睛：

年轻女孩需明白，储蓄人情是为了拓展自己的人生道路，以备自己遇到麻烦的时候，到朋友那里支取。但是，依靠人情办事是有一定限度的，透支了反而会令人很尴尬，而且，人情储蓄也不能即存即取。假如你刚刚储蓄了人情就急于找后账，希望在人情账中得到回报，那你就犯了人情世故的大忌。你不仅会丢掉这笔人情账，而且还丢掉了面子，也丢掉了做人的分寸。因为在很多时候，人情账是宜储蓄而不宜透支的。

学会呵护朋友的面子

年轻女孩都会有那么几个好朋友，一起分享心情，畅谈人生，共叙真情。但是，一旦到了关键时刻，有的女孩年轻气盛，有时为了争面子，不惜驳了朋友的面子，她们认为自己就是最大的赢家。其实，不管在哪个场合，你与朋友都是共同体，那就表示着你们是荣誉与共的。当你赢得了面子，践踏了朋友的面子，实际上你在人们面前已经丢掉了“面子”。这样的“面子”隐含着人们对你的评价，以及怀疑你是否真诚，你的影响力在逐渐减弱，人们会把同情的目光转向你的朋友。假如你能够保全朋友的面子，尊重朋友，那对朋友而言则是最好的情谊。当你在朋友面前稍微放低了自己的位置，就一定会被朋友迎上最高的位置，这才是人生中的大智慧。因此，适当的时候，大度保全朋友的面子，这不仅仅是为朋友长面子，而且让彼此之间的感情升温不少。

华太太是一个头发花白但很整齐的老人，她瘦小驼背，无亲无故，孤零零地住在印第安纳波里斯市北区一幢整洁的木屋里。这过去的21年来，她一直挨家挨户地兜售杂货，以此谋生。华老有三件事非常令人难忘：一是她从来不当自己是小贩，她总是对顾客说：“我是推销员”；二是限定自己每年到每户人家的次数为三趟，说这样不至于讨人厌，并以此说明她是一位懂规矩的推销员；三是她从不向邻居推销，每有邻居向她买东西，她就说：“我是你的街坊嘛。希望你当我是街坊，而不是站在你门口的推销员。”

在1971年2月的一天，华太太离开了人世。次日，当地报纸上登出一篇有关华太太的文章，其中透露了华太太生前说过的一句话，就是“担心将来死了没人送终”。出乎意料的是，华太太葬礼的那天，无论是男女还是老少，无论是穷人还是富人，凡是认识华太太的人都来到墓地，为她送行。

华太太一直努力生存，却不至于让顾客讨厌自己，而且在邻居面前也一直坚守着“街坊”的角色。因为她尊重了别人，所以，她才得到了别人的尊重。后来，她离开了人世，而那句“担心将来死了没人送终”引起了人们的恻隐之心。为什么她活得那么有尊严，那就是她自然地放低了自己的身份，舍下了自尊，自然就为那些主动前来送终的人们给予了尊重与面子。虽然，她只是一个小小的推销员，但她的言行却为自己赢得了不少朋友，无论是男女还是老少，无论是穷人还是富人，只要是认识她的人都来参加了她的葬礼，那是尊重换来的情谊。

阿雯和小娜是大学同学，也是一对好朋友。大四那年，阿雯一个人南下广州，经过了长达两个月的奔波，她找到了一份不错的工作，安顿好自己的她不时联系着还在学校的小娜。小娜在学校参加各种招聘会，可每次投出去的简历都石沉大海，没有回音。阿雯让小娜去广州，把她介绍给自己的上司，小娜想了想，还是去了。到了那里，在阿雯的引荐下，小娜谋得了一个好职位，对此，小娜心里很感激。每次遇到同班同学问候自己的近况，小娜都毫不犹豫地说：“幸亏有阿雯的帮忙，我找到了一份还不错的工作，真是感谢她！”于是，班上的同学都觉得阿雯是不错的朋友，既有能力，还能够为朋友介绍不错的工作。而阿雯也觉得小娜这样的说法让自己在同学面前很有面子，她在广州那边就更加尽心尽力地照顾小娜了，两人的感情越来越好。

当小娜得到了朋友的帮助，谋取了一个不错的工作，小娜发自内心的感激。所以，在面对同学的问候时，她几乎是毫不犹豫地说“幸亏有阿雯的帮忙”。这样的说法在某种程度上尊重了朋友，保全了朋友的面子，因此，两个人的感情也越来越好。所以，年轻女孩在面对朋友时，不要自私地只顾及自己的面子，还要学会给朋友面子。

1. 给朋友面子

在日常生活中，年轻女孩或多或少都得到朋友的一些恩惠，比如朋友给予自己的关怀、帮助等。这时候，年轻女孩要敢于舍下自己的面子，让朋友面子上有光。如果你依靠朋友的关系找到了一份好工作，在人前你大可以说“真是托某某的福气，我现在工作很好”，这样巧妙地为朋友长了面子。假如你心里不愿意承认自己是依靠朋友的帮忙才找到工作，还死要面子地说“我都是靠自己的实力才进了这个公司”，那这既让身边的人看透了你的虚伪，也会让你失去一个好朋友。

2. 尊重朋友，放下自己的面子

在朋友面前，女孩的面子是可以稍微地减少点分量的。因为只有当你放下了自己的面子，尊重朋友，才会获得真正的友谊。年轻女孩应学会放低自己的姿态，而抬高别人，当朋友感觉脸上有光的时候，她也会更加感激你的情谊。人与人之间就是相互的，今天你愿意为朋友舍下面子，他日朋友也会为了你舍下面子。只有懂得给予才会有所获得，这一直都是一个绝对的真理。

第3章

女孩眼明心亮，懂得绕过人际险滩

年轻女孩涉世未深，而社会复杂多变，女孩极其容易因单纯的性格遭人欺骗。对此，年轻女孩在人际交往方面，需要放开慧眼，识别交际中的小人、恶人，以聪明机智巧妙绕过人际险滩。

如何识破朋友中的小人伪装

在日常生活中,小人无处不在,时常有意无意地在我们身边出现,给我们带来一些麻烦。但是年轻女孩因太单纯,容易被其蒙混过去。其实,那些越是奸诈的人就越善于伪装自己,他们用善良伪装邪恶,用贤德伪装奸诈。他们在表面上对你相当和善,但是背着你却猛说你的坏话,甚至使计策坏你的好事。我们对这样的人简直是烦不胜烦,但是也毫无办法。实际上,虽说小人掩饰的功夫相当到位,但是依然会免不了与常人不一样,他们在很多时候,会透过一些表情泄露出心中的秘密。只要你仔细观察,就会发现身边的小人,这样就能够及时地采取远离或逃避等措施,以防上当受骗。

李小姐是一家小公司的业务经理,她平时的工作就是管理业务部下面的十几个人以及一些业务上的来往。最近公司新来了一个员工小王,小王是个看起来挺老实的年轻女孩,对人也是彬彬有礼,客气有加,更难能可贵的一点,就是她平时工作很认真,几乎没有出现过任何差错。所以,她来公司上班了一个月,就深得李小姐的喜欢,李小姐还准备把她提升起来做业务助理。正在这时候,却出现了一件意想不到的事情。

有一次,因为李小姐的疏忽,一下子造成了两个大业务的直接流失,总经理为此大为恼火。李小姐一方面作了深刻的反思,另一方面也对失去的客户进行了最大限度的挽留。那些天,整个业务部都弥漫着一种落寞的气息,李小姐整天为工作的事情焦头烂额。但就是在这个极为关键的时刻,李小姐却偶然通过朋友的嘴里听到了小王背着自己在总经理面前说了不少的话,其中包括了对李小姐平时工作的恶劣评价,还唆使总经理把李小姐辞退掉。

当李小姐得知这些消息的时候,她不禁有些惊讶,不断地说:“没有想到小王是那种人。”她再慢慢通过回忆与小王日渐交往的过程,才发现其实小王平时就有一些不太正常的表现。比如，小王从来都是对自己彬彬有礼，哪怕是自己语气相当的愤怒，小王也总是满脸笑容地看着自己。想到这里，李小姐不禁有些头皮发麻。

年轻女孩应该明白，混迹在朋友中的小人特别善于用一些表情来掩饰自己，比如说话时目光闪烁不定，回避你的眼神；或是脸上长时间保持微笑，而你们的谈话并没有特别引人发笑的内容；说话时没有多余的小动作，眼角却习惯性地向左扬起，斜眼看人；目光冷酷犀利；笑里藏刀……下面我们就小人几种常见的表情一一分析。

1. 未语先笑

有的人习惯于还没有开口说话就笑起来，并且笑容显得很奇怪。一般来说，有这样笑容的人大多心里隐藏着某些不能告人的秘密。他们在交谈的过程中，脸上总是长时间保持着微笑，而实际上你们的谈话内容并不是特别引人发笑的。而他这样的表情，明显是有撒谎的嫌疑，他有可能并没有认真听你讲话，只是做出微笑的样子来敷衍你。在他们心里，也许正在算计着什么，或许正在对你打什么坏主意。如果你身边有这样的人，一定多多提防，以免上当。

2. 喜欢斜眼看人

有的人喜欢在说话的时候，眼角习惯性地向左扬起，斜眼看人。他们在讲话的时候，不喜欢和你的视线进行直接接触，而是斜眼看着你。有时候，当你试图把视线转向他的时候，他就会快速地转移视线看看天花板或者看看窗外。但是一旦你把视线移开了，或者专注于自己所讲的话时，他就会偷偷地斜眼观察你的一举一动。他似乎是希望通过对你细致的观察，来了解你的内心活动，能够通过主动迎合你的想法来博取你的好感，进而达到他不可告人的目的。

3. 目光冷酷犀利

有这一表情特点的人，在历史上有一个代表人物，那就是三国时期的司马懿。常言道:“谁笑到最后,谁笑得最好。”在《三国演义》中,笑到最后、笑得最好的既不是曹、孙、刘三家君王,也不是智者诸葛亮,而是司马懿。而司马懿最常见的表情,就是三步一回头,那冷酷犀利的目光直刺得你心寒胆战。在日常生活中,也不乏这样的人。他们总是在你面前隐藏他那犀利的目光,而在你看不见的角落,他就会用那极端冷酷犀利的目光注视着你。即便不知道目光来自何处,你也能感觉到那种让人心寒的感觉。

4. 笑里藏刀

在你身边,有很多笑里藏刀的人。他们总是试图与你保持一种亲密的关系,或是投其所好地说一些让人高兴的话,或是假装与你之间在某种爱好上有着极为相似的地方,或是平时喜欢给你一点小甜头。他们看起来就好像是一个很值得信赖的朋友,可是当遇到重大事情的时候,他就会隔岸观火、幸灾乐祸、甚至企图恶意中伤你。

一般来说,这类人的笑容很假,他们往往用那些伪装过的笑容来博取你的好感,因此他们的面部表情会显得极不自然。你在平时的生活中,要善于去分辨哪些是真诚的,哪些是虚假的,再通过一些行为举动来辨别出他们内心的想法。

交际点睛:

其实,无论是在生活中,还是在工作中,都存在着形形色色的小人,这就需要年轻女孩善于通过对方伪装的表情来看透对方的真实意图。以上是小人善于用来掩饰自己的几种常见的表情。当然,小人们用来掩饰自己的表情还有很多,这就需要年轻女孩在现实生活中练就一双慧眼,通过敏锐的观察力和洞察力去揭开他们的真面目。

喜欢打听隐私者不可交

每个人都有属于自己的秘密,那些不想让别人知晓或者难以启齿的想法、故事以及个人经历，被称之为隐私。其实，在每个人的内心深处，都有着一块不希望被人侵犯的领地。但是，似乎每一个人都有窥探别人隐私的爱好，人的好奇心就表现在此。那些别人越想掩盖的秘密，人们就越想揭开神秘的面纱，一见真面目。在年轻女孩的身边，经常会有这样一群经常打听别人隐私的人。她们或者是出于无知，或者是出于猎奇，或者是出于某些不可告人的目的。每次与你交谈，她们都会巧妙地把话题引到关于你自己或者朋友身上去，而且尽可能地从你嘴里挖掘出新奇的秘密，以满足其好奇心。

一般情况下，那些喜欢打听别人隐私的人，要么会直接问你一些有关于你的话题，比如他们经常会问你“年龄多大?”“收入多少?”“和你老公感情怎么样?”等等让你不愿开口甚至厌恶回答的问题。要么就是想通过你了解一些别人的隐私，比如，他会试探地问“听说，最近小王跟他老婆在闹离婚，你清楚吗?”“新来的老板好像对你很不错，你跟他接触比较多，你觉得他人怎么样?”“听说新来的李小姐，是因为靠关系进来的，你知道具体情况吗?”如果你也是有着一定好奇心的人，那么就会不小心中了他的圈套，当你把你所了解的情况跟他仔细说明时，他可能就会到处宣扬甚至点名道姓地告诉别人，这些都是你说的，最终的结果就是使你陷入极端尴尬的境地。

小牟是一位即将毕业的大学生，最近她被学校派遣到一个厂里参加实习工作。实习快开始的时候，学校领导告诉她：如果在实习工作期间表现优秀的话，还可以直接签订就业合同。

她平时在学校就喜欢探听别人的隐私，曾经有一次由于不小心泄露了朋友的隐私，于是与相交四年的朋友断绝了关系。她在实习期间，经常和车间里几个漂亮的女员工聊天，还有意无意地将自己的薪酬、某某同事的隐私都说得人尽皆知，以至于得罪了不少人。三个月后，公司通知她可以不必来上班了。她意识到是因为自己喜欢打听别人隐私，喜欢谈论别人隐私惹来的祸根，不禁失声大哭。

如果你遇到那种喜欢打听别人隐私的人，千万要提高自己的警惕，不要与这类人深交,即便是因为工作关系不得不与他有一些往来,也与他保持适当的距离。而最好的办法,那就是敬而远之。主要的原因如下。

1. 不尊重他人

其实,那些经常喜欢打听别人隐私的人,他们虽然伶牙俐齿、巧舌如簧,但是却常常不懂得谈话的忌讳。一般来说,在人际交往的时候,如果面对的是一个懂得尊重他人的人,并且知道什么事情是别人的隐私,便会识趣地不去加以追问。相反,那些明明知道是别人的隐私,还偏偏去询问的人,就是不懂得尊重他人的人。人与人之间的交往,是建立在相互尊重的基础之上的。如果他是一个极不尊重别人的人,你就没有必要与其继续交往下去,而是应该尽可能地避开他的纠缠。

2. 传播是非

那些喜欢经常打听别人隐私的人,大部分都是喜欢讨论别人是非的人,他们甚至还会把那些别人极为隐私的秘密公布于众,弄得人尽皆知。如果你与这样的人深交,免不了会把自己的一些秘密告诉给他,或者是一起谈论别人的隐私。而一旦你们关系出现了一点点裂痕,他就会把你那些不为人知的秘密告诉别人,或者是把你怎么评论别人的话语进行添油加醋地传播出去,还会把你的名字清楚地说出来。那么,到时候就会把你推向极端尴尬的窘境,甚至有可能丢了工作,失去朋友。所以,为了不让自己卷入那些是非麻烦之中,最好的办法就是小心地避开那些喜欢打听别人隐私的人。

3. 报复的心态

有时候,你交友不慎,不小心与那些喜欢打听别人隐私的人交上了朋友。他们经常与你形影不离,自然会对你的秘密多多少少知道一些。而且可能你在某些方面比他优秀,或者是职位比他高,或者是抢在他前面把心仪的女孩追到手了。这时候,他就因为嫉妒而产生报复心理,不惜到处宣扬你的一些隐私、秘密来使你身败名裂,然后在你最困难的时候,他躲在某个角落幸灾乐祸。所以,你在结交朋友之前,一定要认清楚对方是哪种类型的人。如果对方恰好是那种喜欢打听别人隐私的人，那你千万不要与他深交下去，尽量与他保持一定的距离。

交际点睛：

年轻女孩需留意，在你身边，经常潜伏着形形色色的小人，而那些经常喜欢打听别人隐私的人就是其中之一。为了避免无端地陷入是非祸乱之中，你就应该在与其交往之前，清楚地了解对方的为人处世方面的特点，应该及时地避免与那些喜欢打听别人隐私的人深交。即便是遇到对方对你进行刨根问底的询问，你也要学会技巧性地问答，那就是答非所问。遇到那些探求人隐私的人，千万不能傻乎乎地有一说一，有二说二，要灵活运用答非所问的技巧，这样既能不泄露自己的隐私，也不会破坏彼此之间的关系。

谨防“朋友”的糖衣炮弹

生活中，很多虚伪的朋友喜欢使用“糖衣炮弹”的伎俩，他们在平时对你恭维有加，有什么好处就会分你一羹，还会经常给你一点小恩小惠，让你尝到甜头。从表面上看，年轻女孩可能认为自己是遇到了一位慷慨大方、乐于助人的朋友。但是，如果你仔细观察对方，就会发现这不过是他亲近你的一种手段，一种伎俩。假如你真的遇到什么极其困难的事情，他一定会躲得远远的，唯恐会殃及于他。而且，他还很有可能当着你的面，与你关系要好，但是背着你的面，却开始说你的坏话，在上司面前说你的缺点，在同事面前讨论你的是非。而当你意识对方的真实面目的时候，已经为时已晚。所以，你在与人交往时要谨防朋友们的“糖衣炮弹”，因为很可能甜头之后就是无限的灾难和痛苦。

小万和小唐都是即将毕业的大学生，她们一起进公司，一起参加公司的培训，所以当她们正式成为员工的时候，已经是一对形影不离的好朋友了。

进公司第一个月，两人都在同一起跑线上，所以无论是上班下班，两人都一起，遇到工作上的困难问题，也会一起商量了解决。可是，当第二个月来的时候，小万的工作业绩就直线上升，这与她平时的勤奋努力是分不开的。而小唐虽然天资聪慧，但是她经常在下班之余就外出与男朋友约会，所以即使在上班的时候竭尽全力，也只显得业绩平平。小唐看着越来越受主管重视的小万，心里就不是滋味，但表面上还是对小万十分殷勤，经常为她带夜宵回来，还送给她一些小礼物。

有一次，公司来了一个大客户，老板就把写企划案的活交给小万和小唐，并且表示谁的企划案受到了欢迎谁就马上晋升为助理。这无疑是把一对好朋友拉到了竞争对手的位置。小万全身心地投入到撰写企划案的工作中，而小唐却因为心里愤愤不平，一直没有心思工作。但是，她却对废寝忘食工作的小万照顾得很好，几乎包揽了家里所有的家务活，还给小万每天准备好吃的。小万相当感动，有时候也与小唐一起讨论企划案的相关事宜。

终于到交企划案的日子了，出乎意料的是小唐居然先交上自己的企划案。等到小万把自己的企划案交给主管，主管叫住了小万："小万，我看了你的企划案，写得不错，但是我不明白的一点是，你的企划案构思与小唐的一模一样。本来我挺看好你的实力的，可不知道你为什么出现这样违背原则性的错误？"小万立即惊呆了，却又不知道怎么解释，想到与自己每天相处的小唐，她的心开始凉了。

小唐正是通过自己平时给小万很多好处而迷惑了小万，而自己则窃取了小万辛辛苦苦构思的企划案。其实，在现实生活中，也不乏这样的人存在，他们总是表面上让你尝一些小甜头，但背地里却做出一些对你不利的事情。

通常来说，那些虚伪朋友都把自己隐藏得很深，他们表面上看起来像好人，但是实际心中却是另有所图。那么，如何来谨防那些虚伪朋友的"糖衣炮弹"呢？

1. 克制自己的贪欲

其实,这个世界上最无法满足的就是人们的欲望,尤其是年轻女孩更要懂得自尊自爱。特别是那些不用自己付出什么就能得到好处的事情,这绝对是每一个人都无法抗拒的。而虚伪的朋友正是了解人们的这一心理,所以他们会在不涉及太多金钱财物的情况下,给你一些小甜头,而这时候绝大多数的人都不可能拒绝。当你那种喜欢贪人家小便宜的欲望得到了满足,其实也就是对方开始计策的时候。所以,为了谨防虚伪朋友的“甜头”之后带来的灾难,你就必须要克制自己的贪欲。你一定要明白,这个世界并不存在这所谓的“天上掉馅饼的事情”,也不要企望有人会给人什么好处。只有自己心中无贪念,就不会上小人的当,也就能够使小人对你无可奈何。

2. 学会拒绝一些好处

除了克制住自己的贪念,年轻女孩还要学会拒绝。有的人善于使用“糖衣炮弹”的计策,即便是你已经明确地进行婉拒了,但是对方依然会“锲而不舍”地对你更加的“友好”。这就犹如男人在对自己心仪的女孩不断地纠缠一样,所以,你在面对对方接连不断的“糖衣炮弹”的袭击,就更应该做出直接的拒绝。当然,拒绝也是需要讲究技巧的,既不能伤了双方的和气,又能让人觉得你的理由是恰当的。比如,对方常常在下班之后对你提出一起吃饭的邀请,那么你就可以委婉地说:“实在抱歉,我已经和别人有约了”,或者“今天感觉有点累,要不改天我做东,请你吃饭。”这样就会让人感觉你是真的有事,或者真的累了,他自然也不会强求下去。

3. 谨防随之而来的麻烦

有的女孩显得没有心眼,对于别人的好意不好意思拒绝,就愉快地接受了。那么,即便你接受了对方的恩惠,也要时刻警惕随之而来的麻烦。如果恰逢是你即将晋升的机会,或者是你有了一个很好的工作构思而对方没有,面对这种关键时刻的时候,你要千万避免与他进行过于频繁的交往,也不要把自己的情况过多地暴露给对方,与他保持一定的距离。至于那些他给你的好处，你可以选择置之不理。如果你实在是良心过意不去，那也可以以同样的方式反赠于他。

交际点睛：

其实，年轻女孩面对那些善于使用“糖衣炮弹”的伎俩的人时，最关键的一点就是要克制自己的贪欲。只要你不去占人家的小便宜，对于他人给的小恩小惠也给予拒绝，那么他的“糖衣炮弹”对你就一点杀伤力也没有。

考验来临，看清朋友的真心

俗话说：“在家靠父母，出外靠朋友。”每个人都离不开朋友，无论是在生活中，还是在工作中，每个人都会有朋友。朋友就是与我们交情深厚，彼此要好的人。我们与朋友之间的友情是一种纯洁、平凡的感情，也是坚实、永恒的感情。对于每一个人来说，你可以没有爱情，但绝不能没有友情。当你的生活圈子里没有了朋友的相伴，那么每一天的生活都如同死水一般，没有生气，也没有激情。可以伴随我们一辈子的感情，友情无疑是最珍贵的情感之一。不过，我们都知道，任何感情都需要经受住考验，它才能称之为永恒。当我们成功了、失败了、伤心了、落泪了，这时候，考验的时机都到了，身边的朋友如何对待我们，自然就可以分辨出谁是真的谁是假的。有的朋友见你遭遇困难了，唯恐殃及自己，早就躲得远远的；而有的朋友则十分仗义，主动提出帮忙，倾力相助。

王姐与赵姐是一对好朋友，王姐从事导演工作已经十几年了，但是，最近这些年总是走下坡路。前不久，王姐踌躇满志地策划了一部新戏，投入了大部分资金作为启动资金，那个作品就像是自己的孩子一样，积聚了她无数的心血。可是，谁也没有想到，从创作、一手筹备、策划，眼看着就快要开拍了，可是，投资方却突然撤资了。剧组所有工作陷入了困境，王姐整日沉浸在痛苦中，原来因为自己执意从事导演工作，前几年已经欠下了千万的账款，这次好不容易找到了肯投资的公司，准备打个漂亮的翻身仗，没有想到不知投资方在哪里了解到自己的经济状况，而选择了撤资，这对她简直是毁灭性的打击。

朋友们听说了这个消息，纷纷远离了王姐，聚会也不再叫她。王姐只得感叹："世态炎凉！"在这时，朋友赵姐不知道从哪个朋友嘴里听到了这个信息，马上放下手上的工作，开车来到王姐家，一进门就说："我来给你的新戏投资。""什么？"王姐满脸惊讶，赵姐不懂得演艺事业，以前还经常开玩笑说："那玩意挣不了什么大钱。"现在，她竟然愿意投资。赵姐笑了，说道："我是不懂表演，甚至，直到这一刻，我也不是喜欢它的，但是，你是我的朋友、好姐妹，咱们几十年的情谊，你现在遇到了困难，我不能袖手旁观，我相信你的眼光，我马上就将资金转过来。"听了这话，王姐心里暖暖的，由于资金的及时到位，王姐的作品被如愿搬上了大屏幕，并取得了巨大的成功。在庆功宴上，王姐举起酒杯向赵姐敬酒："你是我这辈子的恩人，我是不会忘记你的。"赵姐颔首微笑，并没有说话。

经过这次，王姐自然明白，赵姐才是自己最真心的好朋友。遭遇失败了，能够鼎力相助的人才是真心对你，那些只习惯于锦上添花的朋友不过是摆设，他们不想对你付出任何真情。试想，如果朋友仅仅是建立在"同享福，不能共患难"的基础之上，那么，这样的朋友也是不会长久的。

那么，年轻女孩该如何去判断什么时候才是考验时期呢？你又该如何分辨真假朋友呢？

1. 成功时刻，朋友的表现

或许，成功时刻并不是最佳的考验时期，但对于考验朋友的真诚度，还是可以的。有的人发现，那个平日与自己无话不谈的朋友在听说自己成功后，突然沉默了，这是为什么呢？我想可能是内心的嫉妒、羡慕心态在作祟，面对你的成功，他们满脸不屑，甚至，满嘴的风凉话。其实，真正的朋友是不会嫉妒你的，他只会为你的成功而高兴、祝福。心胸狭隘的朋友，他们就连“锦上添花”都做不好，如此的朋友，对你自然没什么真心。

2. 失意时候，朋友的表现

当你失意的时候，可以说是一个考验朋友的最佳时期。许多人在得意的时候，高朋满座，但一旦失意的时候，则是连一只麻雀也不上门了。那些在你失意的时候，离你而去的朋友，对你并不是真心的。更有甚者，有的朋友就是奸诈小人，在你失意之后，他非但不帮忙，反而雪上加霜，落井下石。如此的朋友，更应该选择远离，甚至是绝交。

不过，真正的朋友是不会这样的，即使你失败了，他也会陪伴你度过最难熬的日子，在他看来，他所结交的不过是你这个朋友，而不是你的头衔、地位。

交际点睛：

任何感情需要在经历了考验之后，才会显得更深厚。就拿朋友来说，如果彼此都没出什么事情，平日里聚聚会，逛逛街，吃吃饭，喝喝酒，那看不出这个朋友是真还是假。他跟其他朋友一样，都是陪在你身边，但每每到了紧要关头却选择失踪的朋友，那可就有几分假了。对于年轻女孩来说，要善于观察朋友对自己的态度，尤其是在考验时机，这可以看清哪些朋友是真的，哪些朋友是假的。

如何识破骗子男人

在年轻女孩子身边，有不少打着爱的幌子却到处欺骗女孩的男人。刚开始的时候，他们山盟海誓，说得跟真的一样，到最后，不是为财就是为了寻求某种刺激。作为女孩来说，天性就是感性大于理性，很多时候，容易被爱冲昏头脑，以至于相信男人说的鬼话，到最后，吃亏受苦的是自己，才感到追悔莫及。因此，年轻女孩，应该警惕身边的男人，仔细观察其言行，以免自己上当受骗。对女孩来说，当自己在爱着一个男人的时候，会同情他，在他受伤的时候，会跟着伤心难过；在他痛苦的时候，也跟着痛苦。与此同时，自然而然地，你想帮助他解决问题，这样做不仅仅是为了他，也是为了自己。于是，在男人的花言巧语之下，你会借钱给他还债，可能会投资他所谓的工程，还有可能会让他住到你的家里，有可能为他买车买房，甚至，帮他寄钱回家。如果你身边的男人有这样的迹象，那么就应该警惕了，你需要仔细观察其内心，早日揭开其邪恶的真面目。

小娜刚刚大学毕业，在临近毕业的时候，她到了一家汽车公司做文员。在那里，她结实了司机阿华，看到清纯亮丽的小娜，阿华心动了。在轮番攻势下，小娜答应两人试着交往一段时间，在刚开始的时候，阿华出手阔绰，经常给小娜买衣服和零食，还请小娜的朋友去唱歌。闲聊之中，阿华对小娜承诺："我会让你成为世界上最幸福的女孩。"小娜本来犹豫的心也定了下来，觉得阿华这人还是不错。

后来，在与阿华朋友的接触中，她渐渐了解到阿华这人的神秘。每次小娜问阿华的过去，他总是支支吾吾，要么就是不耐烦地说："又问那些事情，真是很烦！"小娜也就不问了，可回过头，她总是委屈地流下眼泪。在一次与阿华的朋友聊天中，小娜了解到阿华那些隐藏的秘密。原来阿华曾坐过三年的牢，而且，在老家还有一个私生子，据说是因为跟一个女孩鬼混而生下的孩子。而就在小娜与阿华相恋的这段时间里，那位女孩还在阿华的老家照顾孩子，后来听说了阿华另有新欢的消息，才决然而去。

伤心欲绝的小娜回去后，质问阿华："这些都是真的吗？"没想到，一向好脾气的阿华满脸不悦，怒声吼道："这都是过去的事情，有什么好问的，如果你想了解，我告诉你这是真的。"伤心的小娜哭了整整一晚上，第二天就收拾东西离开了。

刚刚大学毕业的小娜单纯，容易相信陌生男人的话，而混迹社会多年的阿华正是瞅准了这样的心理，他隐瞒了不堪的过去，以此来欺骗小娜，而且，在小娜质问之后，他依然觉得错不在自己，恼羞成怒的他为自己巧言辩解。虽然，阿华并没有骗取任何具体的东西，但他欺骗了小娜的感情，而感情才是最伤人的。

那么，那些“骗子”男人身上到底有什么痕迹可寻呢？

1. 满嘴胡言乱语

对有的男人来说，说谎就像吃饭一样简单频繁，他们习惯以谎言来掩饰自己的秘密。他们常常对女孩说：“我会让你成为最幸福的人”“我家里很有钱，你不用工作都行”。那时，被爱冲昏头脑的你不会细察，如果对方家里真的有钱，那么，他还会到处漂泊吗？这样的男人说谎的原因可谓是多种多样，等到你识破其谎言之后，他会为自己辩解：“我这样骗你，是因为太爱你，担心你会因此而离开我。”其实，这些都是谎言，他所有的目的不过是欺骗你的感情。真心对你付出的人，会坦白他的过去，不会故意隐瞒。

2. 不切实际

有的男人明明平庸无比，逢人却说“我想创业”“如果我来当经理，肯定会更好”，自命不凡，他们对自己的前程通常抱有不切实际的想法。但是，现实生活就是这样，他依然拿着一个月两三千的工资，租着陈年的旧房子，对这样的窘迫现实，他却不采取有效的方法来修补。有时候，他们不屑于去工作，但是，自己所挣的钱却不够自己花。

交际点睛：

都说男人不坏女孩不爱，女孩爱坏男人，不过此坏非彼坏，这里所说的坏男人并不是本质上的坏男人。年轻女孩周围时常会有男人出现，总有那么一些隐形坏男人隐藏其中，而女孩就必须认清楚这些男人。

提防身边的小人暗箭伤人

年轻女孩初入社会，她们经常面对的不是“坦荡荡”“以助人为乐”的君子，而是“常戚戚”“以害人为乐”的小人。小人善于用很多表情来掩饰自己，也善于把自己隐藏在暗处，他们常常怀着不可告人的目的来接近你，亲近你。正当你对他产生好感，付出真诚的时候，他就会暗中使计策害你于无准备之中。俗话说：“明枪易躲，暗箭难防。”如果是面对别人直接、正面的恶意挑衅，你可能还有些准备，受伤害的机会也会变得很小；但是如果面对的是那些善于伪装的小人，那就毫无准备，甚至还有可能出现“把你卖了你还帮着数钱”这样的情况。如果你想避免受小人之苦，这就需要你在现实生活中，提高自己的警惕心理，小心提防才是。

那么，如何来提防小人发出的“暗箭”呢？

1. 千万不要被其甜言蜜语所迷惑

其实每个人都喜欢听好话，这几乎是人的天性，不论是高官还是平民老百姓都免不了有这样的一个人性弱点，而年轻女孩对这一点更是没有丝毫的免疫力。那些善于伪装的小人更是深谙此意，他们了解每个人的天性，于是投其所好地恭维他人，这是小人最大的特点，也是他们最擅长的伎俩。虽然，在很多时候你经过了生活的不断历练，会对那些莫名的恭维有几分警惕，但是小人他们更懂得如何来取悦你。他们的成功之处就在于能够制造出让你愉快接受的甜言蜜语，而且恰到好处地说到你的心窝里。当你面对那些溢美之词，你只能感叹：“知我者莫过于他矣。”

其实，当你面对那些能够让你开心的话语，你就要学会清楚地辨别谁是出于真心的，谁是出于虚假的。一般情况下，朋友是“忠言逆耳利于行”，他们会直接提出你的缺点和不足之处；而那些小人，则会迎合你的心理，专门说一些甜言蜜语讨你欢心。俗话说：“无事献殷勤，非奸即盗。”当你发现身边有人莫名其妙地对你说些好话，你就要开始警惕了，尽量克制自己因为兴奋而做出错误的判断，而是保持清醒的大脑，千万不要因为几句甜言蜜语就开始晕头转向，被小人所蒙骗。

2. 洁身自好

小人还有一个特别厉害的伎俩，那就是企图从你身上找出一丝“污点”。他们总是想法设法地从你的言行举止中寻找可以打击你的“污点”，然后对其进行无限地放大，夸大其词，再通过打小报告或者告黑状的方式来对你进行毁灭性的打击，最终让你有口难辩。俗话说：“身正不怕影子斜。”其实，对付这样的小人的根本办法，那就是洁身自好，使自己能够“出淤泥而不染”，不让小人抓住你的小辫子，更不能让小人拿到你的把柄。

3. 学会与小人相处

为了工作，年轻女孩不得不与小人打交道，所以更要学会与小人相处，并且能够和谐地相处，千万不要激怒小人，这有可能会让他狗急跳墙。在与小人相处的时候，一定要讲究方法和技巧：如果你面对的是喜欢打听别人隐私的人，那你就要回避对方的正面问题而采用“答非所问”的技巧；如果你遇到的是喋喋不休的人，那你就需要在谈话过程中巧妙地中断对方的话题；如果你遇到的是满口谎言的人，那你就要敬而远之，尽量与其拉开距离，就不会遭对方所欺骗。

交际点睛：

不过，年轻女孩为了生存，为了工作，每天不得不与各种各样的人打交道，这样就免不了遇到形形色色的小人，甚至受到小人的欺负或者陷害。俗话说：“知人知面不知心。”在与他人交往之前，谁也不知道他到底是君子还是小人，因为小人的脸上并没有写着“小人”这两个字。很多时候，年轻女孩很容易被那些善于伪装的小人的外表所迷惑，错把小人当作君子，甚至当作知心朋友，结果在无法预料时被“暗箭”所伤。所以，年轻女孩在平时的生活与工作中，就必须时时提防小人，才能不处处被动，甚至“挨刀挨宰”。

第 4 章

女孩别糊里糊涂，储蓄你的社交账户

在好莱坞，流行着这样一句话："一个人能否成功，不在于你知道什么，而在于你认识谁。"足以见得，朋友是一个人通往财富、成功的入门票。而作为一个经常出入于各种社交场合的年轻女孩来说，有意识地结交新朋友，拓展自己的交际圈子，为自己编织出朋友网，这是非常有必要的。

相交不如我，不如不交

年轻女孩应该知道这样一句话，看一个人的品位就看他身边的朋友。因为物以类聚、人以群分，什么样的人就和什么样的人在一起。只有当彼此的价值观相近、喜好相类的时候，人们才容易走到一起成为朋友。一般而言，性情耿直的人就和投机取巧的人合不来，喜欢酒色财气的人也绝不会跟自律性强的人成为朋友。朱熹曾说："近朱者赤，近墨者黑。"意思就是说与什么样的人在一起，时间久了，就会感染对方身上的习惯、品行。人与人之间都是互相影响的，特别是经常相伴在一起的朋友。如果你的朋友拥有着绝佳的品位，那你在与她的相交过程中，也会无形之间提升了自己的品位。所以，要想做一位优秀的女孩，就要有意识地结交一些比自己优秀的朋友。

年轻女孩对于结识朋友，都有这样一句话"相交不如我，不如不交"。意识就是结交朋友都是选择与自己不相上下，或者比自己还要优秀的人，而不是选择不如自己的人做朋友。俗话说："水往低处流，人往高处走"。每个人都希望通过自己有价值的朋友关系，慢慢走向成功之道。所以，对于朋友的选择是相当重要的。如果你结交了一些不如你的人作为朋友，那只会自贬身价。因为不同的人有不同的生活圈子，有不同的生活品位，相处久了，自然会受到对方的影响。作为一个年轻女孩，就需要不断地塑造自己，编织出高品位的朋友关系网。

徐静蕾毕业于北京电影学院表演系，女演员、导演，与章子怡、周迅、赵薇并称四小花旦，因其自导自演电影及博客点击率在中国大陆地区长期排名第一，有大陆影视圈才女之称。她于 2007 年开设网络电子杂志《开啦》；电影代表作有《杜拉拉升职记》；因其书法手写体"清冽而又优雅"独具个性美感，被开发出字库"方正静蕾简体"。但她的星路和同一时期的女明星非常不同，这一点可以从她所结交的朋友可以看出来。

徐静蕾曾在电影学院念书的时候，就结交了著名作家王朔，而在王朔的那个圈子里则有刘震云、梁左、冯小刚等知名大腕，这些大腕在娱乐圈或在文学圈，都是处于主导地位的，是非常有思想的。而徐静蕾并没有凭着这个机会来进军娱乐圈，而是不断地提高自己，熏陶文学气息，再加上她天资聪慧，自然博得了大陆影视圈才女之称。后来徐静蕾开始自己做导演，在她的第一部电影《我和爸爸》中，导演叶大鹰是主角，而知名音乐制作人张亚东居然也在剧里客串一把。她所结交的朋友都是导演、制作人，有方兴东、老潘这种专业领域的出类拔萃的，更有韩寒这种“少年作家”，而绝对不是和她一样的演员、明星之列的。

徐静蕾的成功之路，告诉年轻女孩结交什么样的人，就决定了你能走多远。很大程度上，年轻女孩结交什么样的朋友，就可以看出你的品位。假设你与艺术家成为朋友，那么你在无形之中会接受到艺术熏陶；你若是与打扮穿着都很有品位的优雅女孩关系亲密，那么你会在她不知不觉的影响下提升自己的穿衣品位。而如果你与一位整天只会背后说人是非、喜欢抽烟酗酒的女孩成为朋友，那么你的言论、习惯也会受她的影响。当然，这并不是绝对的，有的年轻女孩也会结交各种圈子的朋友，但其固定闺蜜则显示了自己的优越性。

交际点睛：

作为一个年轻女孩，要善于选择朋友，通过朋友的高品位来提升自己，塑造自己，不断地充实自己。人生就是一直通往远方的漫漫征途，只有你不断地向前迈进，才能采摘成功的果实。对于年轻女孩来说，拥有最高档的时装不如有一个高品位的朋友，花大把大把的时间窝在家里看肥皂剧，不如出门结交几个有品位的朋友。如果你拥有几个有品位的朋友，那将是一生用不完的财富。良好的朋友关系可以帮助年轻女孩在事业上有所发展，在交际中应付自如；良好的人际关系则是高品位朋友积聚而成的。所以，要想编织出高品位的朋友网，就先从结识有品位的朋友开始吧。

挖掘圈子潜藏的朋友关系

每个女孩的人生都有一定的基调，这样才能找准人生发展的坐标。而在一个自己经营的圈子里找到了合适自己的位子，才能为自己施展或发挥才能插上翅膀。在现实生活中，几乎每一个年轻女孩都置身于一定的圈子中，或是朋友的圈子，或是交际的圈子，或是职场里的圈子，不可能脱离圈子而独立存在。没有哪一个年轻女孩是独立存在的，为了生存就必须融入社会中去，并建立起属于自己的圈子。正是这大大小小、形形色色的圈子才交织成纷繁复杂的社会交际这张大网，使整个世界显得缤纷多姿。当然，每个年轻女孩所处的圈子不同，有的女孩圈子多，有的女孩圈子少；有的女孩圈子大，有的女孩圈子小。拥有不同的圈子将会有不同的人生，有的时候，你会因为圈子里某位朋友为你牵线搭桥而谋取了一个不错的职位。所以，在一定程度上，圈子与位子之间是互相影响的，彼此形成了一种良性循环。所以，作为一个聪明的年轻女孩，要善于建立自己的圈子，更要学会通过圈子挖掘其背后的朋友关系。

在社会交际中，圈子是一种构建朋友的载体，更是推进人生发展的重要平台。每个年轻女孩置身于圈子里，就会莫名得到一种归属感和安全感。同时，圈子的存在更是基于每个人生存和发展的心理需要。假设你拥有良好的圈子，就可以在社会上良好的立足，取得不断提升自我的机会。也许，你还可以凭着自己在圈子里的影响，能够做一些别人难以做成的事情，解决一些别人不能解决的问题。你拥有什么样的圈子，就会影响着你拥有什么样的人生。即便是同一个工厂生产出来的杯子，有的会成为西餐厅里高级的餐具，而有的则只会成为喝水的普通杯子。决定你人生的关键在于你处于一个什么样的位子，而你的位子将是由你的圈子所决定的。如果你成了上流社会圈子的一员，那自然就会比普通人多了成功的机会；如果你是处于资质平平的朋友圈子，那你只能平平庸庸过一辈子。

阎焱，软银亚洲信息基础投资基金首席执行官，他于1982年毕业于南京航空学院飞机系，1986年获北京大学社会及经济学硕士学位，1987年研读于美国普林斯顿大学国际政治经济学博士学位，1996年研读于 Wharton School EMBA 项目。

作为软银赛富基金首席合伙人，他之所以能赴美留学，就是因为他就读北大研究生时一个外籍老师——来自美国普林斯顿大学的访问学者罗杰。罗杰很欣赏阎焱，两人经常一起聊天，有一次他主动说："你应该去美国读书，我可以帮你写推荐信。"

不久之后，阎焱通过托福考试，取得了美国普林斯顿大学录取通知书和四年全额奖学金后，罗杰又在生活上给予了阎焱帮助。1986年8月，阎焱回忆说："我到美国的第一天晚上，就住在罗杰教授家里，他的家也在普林斯顿。罗杰教授待我非常好，在普林斯顿，他仍然是我的专业教授。我毕业多年以后，他也离开了普林斯顿大学。我们的友谊一直到现在。"

西班牙著名作家塞万提斯就曾这么说："重要的不在于你是谁生的，而在于你跟谁交朋友。"有时候，或许你与他人所拥有的能力都是相当的，但他却能在仕途上平步青云，而你只能窝在小公司做个普通职员，那就是因为你们所处的圈子不同。

每个年轻女孩都有自己的圈子，只是自己所处的圈子是否有潜力，是否拥有高品位的朋友关系，那才是足以影响你一生的财富。姜子牙在乡下的时候，只是一个以耕田渔猎为生的老翁，可一旦被周文王赏识了，就成了历史上有名的政治家、军事家；张飞不过也是一介莽夫，但与刘、关两人桃园三结义，则成了三国演义中出名的武将；洪秀全也只是个科举不中的穷书生，但却通过"拜上帝会"这个圈子结交了众多义士，建立了太平天国，动摇了朝廷的根基。他们为什么会有如此之大的命运变化，那就是因为进对了圈子，拓展了朋友，才会使自己的能力得以施展出来，也实现了自己的人生价值。

交际点睛：

圈子与位子之间是需要良性循环的，当年轻女孩进了一个良好的圈子，自然会取得一个好位子。在日常生活中，经常听到有女孩哭诉：有着优秀的能力，高文凭的学历，可就是在单位内部没有人，所以只能做一个普通的职员；有了资金想创业，却没有人牵线搭桥，一点门路都没有。但有的年轻女孩却因为认识了某位权贵，轻易就谋得了一个好职位；想加盟哪个行业，马上就找到了合伙人。之所以会出现这样的差别，那就是因为所处的圈子不同，所以注定了所属的位子不同。所以，年轻女孩要想超越自己，就要有意识地扩大你的圈子，积累你的朋友资源，拓展你的交际范围，这样你才会在复杂的人际交往中如鱼得水、应对自如。

善于发现优秀朋友背后的朋友关系

许多年轻女孩都有这样的经验，本来你与 A 小姐很熟悉，成了至交好友，慢慢地，她会把她的朋友介绍给你认识，而你也会把自己的闺蜜介绍给对方。于是，无形之中你又多了一个朋友圈子。这样的情况，每天都在不同的交际场合上演着。其实，当你结识了一个新朋友，实际上是融入了另外一个截然不同的圈子。本来，每个人都会有自己固定的朋友圈子，相似的穿衣风格、类似的品位、相同的年纪，都足以使你们不知不觉间建立了良好的朋友关系网。当圈子里的一员，偶然间认识了另外一位还不错的朋友，她就会自然而然地把她介绍到自己的圈子里来。一般而言，通过熟悉的朋友来拓展自己的交际圈子，这无疑是最好的积累朋友资源的办法，因为有朋友之间足够的信任，所以你能很快地融入新的圈子里。所以，年轻女孩需要把握住机会，善于挖掘优秀朋友背后的朋友，并与之建立融洽的人际关系，拓展自己的交际范围。

也许，在许多年轻女孩的身边也存在着不少优秀的朋友，那么你就千万不要忽视了她背后隐藏的丰富朋友资源。一个优秀的朋友，她所结交的朋友肯定不会是很差的。所以，尽可能地与之建立亲密的朋友关系，那么她就会欣然地把你介绍给她的朋友，甚至整个朋友圈子，无形之中，你又为自己积累了不少的朋友资源。如果恰好你的工作、业务上与这些潜在的朋友资源有所关系，那么你已经完全不用担心了，良好的朋友关系会使你的问题迎刃而解。

张颖，美国中经合集团董事总经理、中国区首席代表，她就是因为善于拓展朋友圈子而最终获得了成功。

1996年，张颖从旧金山大学毕业，进入斯坦福医学院旧金山医学中心工作。她在工作中很注意结交朋友，同一实验小组的同事瑞·博纳涛就和张颖成了很好的朋友。张颖因此常到瑞·博纳涛家玩，也由此认识了瑞·博纳涛的父亲达多——一个菲律宾裔的亿万身家的美国投资家。

后来，张颖前去美国中经合集团应聘投资经理，恰好中经合的创始人刘宇环跟达多是“多年的老朋友，认识十几年了。”于是，双方在面试中谈起了各自与达多的交情，由此也产生了熟悉和信任感，并在这一共同话题的引导下谈得十分投机。在2001年2月，张颖也就顺利地加入了中经合集团成为投资经理。

张颖本来只是同事瑞·博纳涛的朋友，后来又认识了同事的爸爸，一个菲律宾裔的亿万身家的美国投资家。对于一个这么享誉的头衔，背后肯定有着丰富的朋友资源。而张颖后来去美国中经合集团应聘投资经理，而中经合的创始人刘宇环跟瑞·博纳涛是多年的老朋友，这样一来，已经为自己的面试成功了一半，之后成为投资经理。

希拉里在美国就读于卫尔斯利女子学院，虽然这所大学也是名牌大学，但她为了进入哈佛的秘密学习俱乐部，学习那些被誉为天才的哈佛“书呆子”们的学习方法。但哈佛学生素来以排外而出名，哈佛的秘密学习俱乐部也从不接收外校学生。然而，想进入俱乐部也不是全无办法，成为秘密学习俱乐部会员的女朋友不就可以了吗?

很快,希拉里成了哈佛大学三年级学生杰夫·希尔兹的女朋友,接着又结识了男友的朋友,没过多久,她就成了男友所在的“哈佛书呆子俱乐部”的非正式会员。当绝大多数女生和与自己水平相近的朋友们在一起,对明星或者男人、美食或者时尚津津乐道,消磨时光的时候,希拉里却在和哈佛的高材生们就政治、理念、时事等各类深刻的问题展开激烈的探讨和辩论。

希拉里有意识地认识了男朋友杰夫·希尔兹,之后又结识了男朋友的朋友,最终成了男友所在的“哈佛书呆子俱乐部”的非正式会员,希拉里在同他们相处的过程中学会了新的学习方法和辩论方法,练就了自己特殊的能力。

交际点睛:

那些经常荣登福布斯排行榜的富豪,并不是都具有非比寻常的能力,而是在于他们善于建立大规模的人际关系网,善于挖掘有价值的朋友关系。正是那些有潜在能力的关系网,才铸就了他们的成功。因此,作为一个新时代的年轻女孩,要学会结交一些优秀的朋友,更要善于挖掘高品位人背后的朋友资源,编织出属于自己的朋友关系网。

放长线投资朋友

每个年轻女孩都希望拥有有价值的朋友资源,使自己在人际交往中找到合适的位子,使自己在事业中寻求一份天地。殊不知,朋友也是需要投资的,特别需要长期的投资才会取得优厚的回报。做人做事都不可急功近利,对于朋友投资也是一样的道理,只有那些善于放长线的人,才能钓到大鱼。在你身边,那些四通八达的朋友关系网更需要来自你爱心的浇灌,精心的梳理,细心的呵护,耐心的期待。最佳的办法就是把朋友投资纳入自己长期的职业、事业规划之中，并逐步养成经营朋友的习惯。你可以把自己所拥有的不同层次的朋友资源进行分类，然后再进行长期的投资，或是定时的拜访、联系、聚会，或是在节假日以及对方特殊的日子里，进行亲切的问候，发信息祝福，寄上一份精致的礼物。尤其是对于那些关键的朋友资源，更需要增加见面、联系的次数，以便于与其建立亲密的关系。

其实，经营朋友也就是结识朋友，最重要的就是贵在用心，千万不要抱着急于求成的期待，这样只会适得其反。朋友投资，很大程度上与养花有异曲同工之妙，都需要慢慢地浇水灌溉，细心呵护，耐心照顾，等到花季来了，自然有机会开花结果。所以，年轻女孩在进行朋友投资的时候，不必太过着急，“心急吃不了热豆腐”，只有付出你的真心，耐心地等待，自然会有一定的收获。朋友投资其实就是为自己办张“存折卡”，定期或不定期地向里面储存资源，使自己在人生的路途中拥有享不尽的朋友财富。

王小姐是一家小型广告公司的总经理，几年之前她认识了一位广告界的前辈。第一次见面，王小姐怀着无比崇敬的心情走到他身边，进行自我介绍，结果那位前辈从头到尾连正眼都没有瞧她一眼，听完了王小姐的自我介绍之后，只问了一句“你是什么学校毕业的”，之后才开始认真与她交换意见。虽然，前辈的态度相当傲慢，但王小姐还是要了他的名片，并在逢年过节的时候去登门拜访。

后来，因为王小姐所在的公司因为与他有业务上的往来，彼此才建立了一些交情。但那位前辈却还是相当冷淡，洽谈中除了谈论业务不会涉及别的，但王小姐还是一如既往地拜访、打电话问候。没有过多久，那位前辈所在的公司因为资金亏损，精减员工，那位前辈也不幸在列。出现这样的情况，原本过去拜访需要预约的盛况已经不再了，但王小姐还是视他为一位可敬的长辈，每隔三个月就专程登门拜访，并询问一些广告策划的事宜。

也许，那位前辈也感于王小姐那份真诚的情谊，他也敞开了心胸，对于一些业内的知识知无不言，使王小姐收获很大。慢慢地，他们成了无话不谈的好朋友，成了忘年之交。

当年轻女孩在进行投资朋友的时候，不能太功利性，看见别人成功之时就一味讨好，而看见别人失意之际就对其不理不睬。带着极强的功利性进行朋友投资，这是交际中的一大忌，除非你不想拥有长期稳定的朋友关系网。其实，对于每一个人来说，在自己不得意的时候才是最需要朋友的，所以，尽可能地对那些得意的朋友维持基本的问候，而对于一些失意的朋友则多给予一些关心。

美国人际关系大师卡耐基说："一个人的成功，专业知识的作用占15%，而其余的85%则取决于人际关系。"只有你处理好了人际关系，才会拥有丰厚的朋友资源。如何来处理好自己的人际关系？那就需要进行长期的投资，细心地呵护，经营并维护好自己的朋友圈子，你就会离成功越来越近。

交际点睛：

实际上，朋友的定义并不是跟某人吃过一顿饭或是交换名片就表示跟对方很熟悉，而是当你处于困难之际的时候，他愿意出手相助；当你需要被肯定的时候，他愿意为你美言几句。所以，良好的朋友关系是需要精心呵护的，是需要进行长期投资的，这样你才会获得丰厚的回报。

年轻女孩，从现在开始就把你的朋友投资纳入自己的长期职业、事业规划之中，为自己编织出稳固、长期的朋友资源关系网，不断地积累自己的朋友存折，使之变成你人生中一笔可观的财富。

年轻女孩必去的交际场所

年轻女孩，要想拥有丰富的朋友资源，建立属于自己的朋友关系网，就要学会不断地积累朋友资源，不断地向自己的朋友存折定期或不定期地储蓄。也许，有的女孩会疑惑，丰富的朋友资源都是从哪里来的？而自己总是深居家里,根本没有机会结识新朋友。其实,朋友资源的积累除了凭着朋友之间的介绍,还需要自己主动去积累一些朋友关系。那就需要你走出家门,出入一些高级场所,结识一些成功人士,拓展自己的交际圈子,这样你才会不断地积累朋友财富。一般而言,那些拥有高品位的人都会出入一些高级场所,作为平时的休闲活动,或者纯粹是自己的爱好。如果你也能在这样的场合出现,利用自己年轻女性的魅力,与其建立良好的人际关系,那绝对会对你的生活、工作有益处的。

白天,她是一名服装设计师,长时间伏案工作进行着复杂的脑力劳动;晚上,她将头发束起高高的发髻,穿着白色衬衣、黑短裙、黑凉皮鞋,一副职业助教装扮,出没于各个高档桌球场所。

肖兰大学毕业一年多了,在学校的时候,她练过斯诺克、九球、花式台球等。因为球技不错,她被一位球房老板邀请做兼职陪练,常有顾客来到球房点名找肖兰切磋球技。工作之后的她,并没有放弃这一兼职,除了对这项运动的喜欢,更主要的是为了拓展自己的社交圈子。在大学的时候,她就因为练桌球认识了不少桌球教练、学员,有人成了朋友,还有人主动为她介绍工作。工作后,每天埋头于设计图纸,生活单调的肖兰更是将之视为一项拓展朋友资源的手段。她坦言:每天接触形形色色的人,这些人很可能成为未来的事业合作伙伴。

桌球陪练作为一种新兴的职业,大多见于一些高档球房内,而那些经常光顾于高档球房的客人,自然不是等闲之辈。所以,聪明的肖兰毅然把这份桌球陪练的兼职当做了一项拓展朋友资源的手段。也许那些她每天接触的形形色色的人,有可能会成为自己未来的事业合作伙伴。

那么,哪些场所是年轻女孩不得不去的呢?

1. 写字楼

如果你是一位职场丽人,那么写字楼肯定对你而言是不陌生的。一般而言,在一栋大型的写字楼里常常驻扎着不同的部门,甚至不同的公司。除了与你同一个部门的同事，你是否与其他部门的同事建立了良好的人际关系呢？如果你的答案是否定的，那么就从现在开始吧，或是在公司聚会上，或是在工作休息之余，或是在公司的食堂，都不要放过结识新朋友的机会。一个公司每个部门之间都是相互协作的，有可能他会成为你下一项工作任务的合作伙伴，或者你对他所从事的工作感兴趣，这些都会对你的职业生涯有良好的帮助。

2. 高级会所

高级会所是成功人士经常出入的场所，那似乎成了他们的标志之一。不管是高尔夫会所，还是综合的健康场所，都是一些有品位的人才会去的地方。因为在很多人看来，这些都是一些极尽奢侈的地方，自然是那些成功人士的喜好之处。当然，你在出入这样一些高级会所时，需要依自己的实力而来，有着良好的修养、充裕的资金，千万不能“三句话不投机”，或者装腔作势，反而会弄巧成拙。

3. 酒吧、咖啡馆

现代社会，许多城市白领都会出入于一些情调酒吧、咖啡馆，一方面放松心情，另一方面也可以结识一些新朋友。酒吧与咖啡馆早在诞生之初，就担负着社交的功能。所以，你不妨在周末休息之余，优雅地坐在吧台，点一杯红酒，慢慢啜饮，结识一些有品位的朋友，从而拓展自己的交际圈子；或是捧着一本心怡的书，静静地坐在咖啡馆的角落，品尝着咖啡的苦涩，邂逅一些有品位的朋友。

4. 名校

也许，你的学历已经不需要去学校进行学习了，但正所谓活到老学到老，爱好学习的人永远不会太差的。充电拿证书，或者纯粹是兴趣爱好，或者是去高校旁听著名教授的讲课，或者去图书馆看看书，或者参加一些学校的活动。一般在周末的时候，北大、清华校园里都会发现很多看上去不像学生的人在里面穿梭游走，其中就有一部分是花钱从全国各地来进修的成年人。对于他们来说，学一些知识是一方面的原因，但更重要的是为了结交朋友。

现在，许多企业、公司的继承人越来越热衷于参加“企业家班”“金融家班”“MBA 班”，其实都是寻找自己的合作伙伴，他们甚至认为交朋友比学知识更加重要。由此可见，越来越多的人认识到了“朋友”的重要性。拥有一个良好的人际关系网，你就能拓展未来的前景和前途。

交际点睛：

在日常生活中，总是听到很多女孩在抱怨：自己也想拥有一些有价值的朋友资源，但是却苦于没有机会认识那些优秀的人士。其实，机会都是需要自己创造的，经常出入一些高级的场所，认识一些优秀的朋友，这就是自己去寻找的机会。

年轻女孩必参加的社交活动

在日常的社会交际中，总是有许多层出不穷的活动，比如慈善晚会、新品发布会、某某周年庆、画廊酒会等商务聚会，还有很多鸡尾酒会、圣诞宴会等。其实，并不是人们热衷举办这样形形色色的宴会活动，而是基于人们进行正常社交的心理需求。试想，在一个大型的社交活动中，有多少有品位的人，有多少达官显贵，有多少功成名就的知名人士，而年轻女孩作为社交活动的一员，自然有机会一睹他们的容颜，更有机会与他们建立良好的人际关系，扩充自己的朋友资源。所以，年轻女孩要学会塑造自己，对于那些有价值的社交活动千万不要错过。每天与那些形形色色的人打交道，有可能他就是你未来的事业合作伙伴，或许还会成为你人生道路上的贵人。

朱艳艳是上海视点公关公司的总经理，她所建立的朋友网络极其丰富，除了拥有众多的媒体朋友，还有世界 500 强的公司如联合利华、三菱电机、通过磨坊都是她的客户,她是怎么做到的呢?

朱艳艳在23岁的时候,已经是兰生大酒店的公关部经理了,当时她对自己每天所扮演的角色也显得有些懵懂。她几乎每天都是在忙碌中度过的,要把中国文化介绍给外国客人,在圣诞节的时候举办餐会,举办各种新闻发布会。她工作的跨度比较大,从举办各类宴会到媒体联络,几年的历练使她建立了一张无所不包的关系网。她拥有一大帮记者编辑朋友,娱乐、经济、体育记者一应俱全,还有主持人、明星以及政府部门上上下下的工作人员,这无疑就成了她人生中的第一桶“金”,那就是朋友的无形资产。

1997年底,惠而浦与上海一家公关公司的合约即将到期,她的一位在惠而浦工作的老板引见了她,最终获得了这家公司的公关代理权;凭着2001年一手策划的“奥妙新妈妈大赛”,她成为首位获得国际“金鹅毛笔奖”的中国公关人。

朱艳艳的经历告诉我们,参加一些有价值的社交活动,可以为自己积累庞大的朋友资源。这些积累下来的朋友资源,就如同一张朋友存折,会成为你事业成功的基石,也会成为你人生中一笔不可多得的财富。

曾毓芬专门从事高阶人力中介,现今担任昱藤数字人力资源公司总经理,可在四年前,她也是一位普通的职员而已。当时,她为了拓展自己的朋友关系网,参加了人力资源协会。

那时候,她只担任会员服务组一个毫不起眼的组员,但她奉献时间,每个月举办研讨会,把握每一个认识别人的机会,逐渐地,她的知名度打开了,晋身为主委,朋友竞争力也跟着提升,业务自然也跟着蓬勃发展。短短三年的时间,她的月薪从五万跳级到二三十万元。

有的年轻女孩会觉得自己所置身的圈子太过于狭窄,那么开拓朋友圈子的最佳途径,就是打破狭小圈子的限制,走向更大的朋友圈子,而参加一些有价值的社交活动则是有效的途径之一。参加一些有价值的社交活动,可以增加自己曝光的机会,所以尽可能地多参加一些宴会、社团活动,即便是公司内部之间的社交活动，也是把自己推销出去的一个渠道，也是结识公司管理高层领导的一个机会。

交际点睛：

除了参加公司内部的社交活动，你还可以选择性地参加一些聚会。几乎每个年轻女孩都参加过聚会，但是参加什么聚会，如何参加聚会，却是一门学问。无论参加什么样的社交活动，都需要有选择性，比如符合你的性格、爱好、所处行业、从事的工作、目前需求等。同时，你在参加聚会的过程中，也需要有意识地选择认识一些人，跟什么样的人维持长期的关系，这有助于扩展你的朋友资源。

朋友不在多，在于心

对于每一个在社会上生存的年轻女孩来说，多多少少都会有自己的交际圈子，拥有几个不错的朋友。假如一个女孩完全没有朋友，那似乎是不可能的事情。朋友对于年轻女孩而言，它的分量与亲情和爱情一样弥足珍贵。她们都希望在快乐的时候，能有人一起分享；忧伤的时候，能有人分担。朋友就是在最关键的时候来到了她们身边，成为她们的知己。每个年轻女孩都有一些关系比较亲密的闺蜜，能够一起畅聊心事，分担忧愁，共享快乐。有的年轻女孩认为朋友越多越好，有的女孩却认为朋友不在多而在精。

多年以前，我们还高唱着“朋友多了，路好走”，但现在的我们已经开始注重朋友的“质量”，而不是数量。“友不在多，而在于心”，“心”则是真心，多结交一些真心的朋友，无形之中自然会提升自己。假如你的朋友遍布整座城市，三教九流，什么样的朋友都有，却没有几个称得上是有品位、有质量的，那只能证明你的朋友质量应该有所提高了。

有人曾把圈子里的朋友比喻为金字塔，在下面一层的朋友，大概只有七八个，他们愿意为你付出很多东西，必要时对你倾囊相助，在你最困难的时候也会陪伴在你的身边；稍上面一层的朋友，可能有十个左右，这些朋友会一直记得你，偶尔也会发发信询问你的近况，如果你需要帮忙，在他们能力范围之内，一定会不遗余力；最上一层的朋友，至少在二十个左右，这样的朋友你大多都能叫出他们的名字，知道他们的职业，并且手机里也有他们的号码，节日里也会互发短信祝贺，却只是“君子之交淡如水”。

相信每一个年轻女孩的朋友似乎都是这样的一个金字塔，最下一层是最亲密的朋友，也是交际中最坚实的基础；稍上一层，是关系比较不错的朋友；最上面是相交甚远的朋友，也许如果平时多交流，他们也会成为你的知己好友，但是每个人的精力有限，毕竟你还得应付下面的朋友。一位社会学家研究过，每个人能映射的圈子，可能达到 250 个人。也许你的朋友梯队可能达到了 250 人，但能经常联系交流的，也就那七八个朋友而已。所以，当你在忙碌着结交新朋友的时候，千万不要忽视了最下一层的朋友，时刻与他们保持联系，因为他们才是你最坚实的基础。

交际点睛：

作为一个年轻女孩，应该拥有几个知己好友，她与你在品位、爱好、气质上应该是不相上下，甚至略胜一筹，这样你才会受她的感染而提升自己的品位、内在气质；她应该是位居你最下一层的朋友，能在你最困难的时候陪伴着你。朋友之间大多是因为“志同而道合”才会走到一起，成为彼此的知己。对于那些只会谈论流言蜚语，注重吃喝玩乐的朋友而应该敬而远之。朋友不在多，在于真心。一个年轻女孩如果交了不好的朋友，就像一个企业没有找到好的合作伙伴一样，对自己的未来是没有好处而只有坏处的。

第5章

维护你的社交资源，让自己拥有好人缘

朋友是一种潜在的财富，难道不是吗？即便女孩拥有很扎实的专业知识，且是一个彬彬有礼的女孩，还具有雄辩的口才，却不一定能够成功地促成一次商谈。不过，假如有一位关键人物协助你，为你开金口，那你的商谈就能顺利地获得成功。而这种与关键人物取得联系的有利条件，就是朋友。

老同学的情谊依旧

生活中女孩经常会听到一个词,倍感亲切,那就是“老同学”。同学,是女孩青少年时期结交的一份最纯洁珍贵的友谊,这份友谊是值得女孩一生去珍惜和维护的。不但如此,与同学保持联系对我们也会有诸多好处。平日里多与同学联系、谈心,一旦自己遇到什么事情,可以听听老同学的意见,也可以找他们帮忙,甚至寻求直接或间接的帮助。当然,如果平时没怎么联系,有困难才去找老同学,那别人难免会觉得你另有所图,自然不会那么乐意地去帮你。

同学关系对许多人而言都是极其珍贵的,因为学校生活是人生中一段美好的时光,不管是小学、中学,还是大学,每一段回忆都让我们回味无穷。特别是对于高学历的女孩而言,与同学关系的好坏对于自己未来的发展具有重大的影响。甚至,在现实生活中,因同学而构建的牢固合作关系是有目共睹的,许多小公司就是由同学合伙开办的,比如雅虎的杨致远和斯坦福电机研究所博士班的同学大卫·费罗,微软的比尔·盖茨和童年玩伴保罗·艾伦,HP 的戴维·帕卡德和他在斯坦福大学的同学比尔·体利特等,多家知名企业的创建多是先由同学关系开始,然后进行商业合作,而且大多数人在这样的商业合作中达到了双赢的局面。

三国时期,刘备还在读私塾的时候,由于其讲义气、聪明,所以成了同学们的头。在同窗的几年中,他常常帮助其他同学,与他们的关系处得非常好。后来长大了,大家都有自己的道路要走,刘备与这些儿时的同学就各奔东西了。

不过,尽管大家分开,刘备却经常与同学们保持联系。其中有一个叫石全的人,是刘备读书时最要好的朋友。他读书后,依然回家继续侍奉自己的老母亲,以尽孝道,靠打柴、卖字画为生。刘备却不嫌弃对方清贫,经常邀请他来自己家中做客，共同探讨当时的天下形势，这样的聚会经常都有。时间长了，刘备与石全的关系也在不断地加强，情同手足。

东汉末年的大混战，刚开始的时候，刘备的军事实力很小，不得不依附于其他人。在一次交战中，刘备所带的军队被全部歼灭，只有他一人逃脱。后来多亏遇到了石全，在他的帮助下隐藏了起来，才逃过了最后的一劫。

年轻女孩须明白，同学关系是一个人成就事业的好帮手。从某种程度上看，同学关系是仅次于血缘、婚姻关系的一种社会网络。可能许多毕业后的女孩都有这样一种感受，毕业之后在社会上所构建的人际关系，大多数带有较强的功利性，从某种程度上甚至可以说是一种赤裸裸的利益交换的关系。而同学关系作为在学校读书期间就构建起来的人际关系，自然显得比较纯粹，如此单纯的同学关系有淳朴的一面，利用起来处理一些事情，自然显得更加简捷便利。

大学毕业两年多，小雪一直处于东奔西跑的状态，跟同学们也基本失去了联系。后来小雪终于在北京安定下来，在某公司做起了业务员，本来想抽空跟同学们联系一下，不过一直因工作忙一直没能联系之前的老同学。

后来，她奉命去浙江联系一单业务，到了那里才发现，对方公司的客户经理王某是自己大学的一个同学。尽管在学校联系也不多，后来也没再联系过，不过小雪还是很高兴，觉得遇到老同学总是好事，指望对方看在同学的面子上，照顾照顾自己。不过，这位王同学对自己并不热情，根本没有一点照顾自己的意思，小雪觉得很是埋怨：老同学怎么就这样呢？

后来，小雪回到北京之后，跟人总说同学关系靠不住。然而，她没有想到的是，王同学也对其他同学说："就是一个大学同学，毕业以后从来都没有跟我联系过，要办事时就想到我了！我又不是垫脚石，用得着时搬来，用不着时就踢开。"

小雪平日里不注意维护同学关系，结果在需要同学帮忙时碰了钉子。其实这是预料之内的事情。与老同学分开后不相来往，有事就再去找人家，人家又怎么愿意帮忙呢？同学关系是朋友关系中最重要、最得力的一种，平日里一定要注意与同学保持联系、密切往来，这样轮到自己去请求帮忙时才会得到帮助。

那么，年轻女孩如何维护与同学之间的情谊呢？

1. 经常与同学保持联系

女孩平时没事可以与异地的同学打打电话，询问一下对方近来的工作、学习情况，介绍一下自己的情况，互相交流一下，这是非常有必要的。女孩不能觉得这样是浪费时间，若是遇到同学会这样的聚会，假如有空最好尽可能参加。假如实在脱不开身，最好也托人带点什么，这怎么也算得上同学之间的情谊。

2. 增加见面的次数

同学之间交际的一个重要原则就是多次见面和接触来加深相互关系。只要同学间有同学会，就应该积极和对方接触。当你到一个地方旅游时，不要忘记去找找当地认识的同学；遇到去同学所在地方去出差的机会时，也要尽可能抽出时间去见见对方，即便是短短的几分钟，也可以加深同学之间的关系。假如实在没时间，那发一个短信也可以起到很好的效果。

3. 同学有困难，伸出援助之手

同学之间因平时工作忙，联系不会很多，那是可以理解的。不过当你得知同学生病或家里出了什么大事，应马上想办法去看看。毕竟困难时刻的帮助与关怀，才会显出同学之间的深厚情谊。女孩应懂得，关键时刻帮人一把，对方一定会铭记于心的。

交际点睛：

年轻女孩自然少不了几位昔日友好的同学，千万不要把这种珍贵的人际关系资源白白浪费了。现代社会，人与人之间各方面的竞争越来越激烈，而社交网络更是一个人事业成功必不可少的社会资本或社会资源。同学之间所构建起来的“同学关系”作为人生一笔不可多得的“关系资源”，对于年轻女孩的社会地位和事业发展的提高具有不可替代的利用价值。

朋友，最值得投资的朋友关系

朋友像水，滋润我们的心田；朋友像火，点燃我们的激情；朋友像风，吹散我们心中的邪恶；朋友像雨，冲走我们心中的毒恶。而真正的朋友，是能够风雨同舟的朋友，是可以共患难的朋友。朋友共患难，友情得永恒！在每个人的生活中里都离不开朋友的陪伴，当我们快乐的时候，与她们分享，让充满着幸福与快乐的笑容不仅仅洋溢在我们的脸上，也跳跃在她们的心里；当我们悲伤的时候，她们主动分担了我们的伤心与难过，让我们不再伤心流泪。朋友之间既是同欢乐，也是共患难的。有了朋友，我们不再孤单，不再寂寞，不再悲伤，也不再彷徨。每个女孩在生活中，都会遇到这样或那样的困难或挫折。当我们的朋友陷入困境的时候，需要伸出援助之手，一起渡过难关，做一个最体贴的朋友。

在《史记·廉颇蔺相如列传》里，有这样一句话：“卒相与欢，为刎颈之交。”廉颇因为妒忌蔺相如地位比自己高，想要羞辱他。后来得知蔺相如是因“今两虎共斗，其势不俱生。……以先国家之急而后私仇也。”而避让自己，深受感动。于是“肉袒负荆，因宾客至蔺相如门谢罪。”从此，两人就成了能同生死共患难的朋友。年轻女孩在人生漫漫旅途中，也许会荆棘满地，也许会坎坷不平，也许会有陷阱，但是有了朋友的相伴，依然能从容不迫地向前走去，留下一路的芬芳。所以，当朋友陷入了困境，你作为最亲密的朋友，应该与其风雨同舟，共同度过最艰难的日子。朋友也许不是锦上添花，但绝对是雪中送炭。

两个平常非常要好的朋友一起上路。在路途中，突然遇到一头大熊。其中的一个闪电般地抢先爬上了树，躲了起来。另一个也想爬树，但已经来不及了。眼见逃生无望，便灵机一动，马上躺倒在地上，紧紧地屏住呼吸装死，因为之前他听说，熊是从来不吃死物的。熊走到他跟前，用鼻子在他脸上嗅了嗅，转身就走了。

躲在树上的人下来后，问熊在他耳边说了些什么。那人说："熊要我今后千万注意，别和那些不能共患难的朋友在一起。"

英国诗人拜伦曾说："趋炎附势的人，不可与其共患难。"当那位爬树的朋友在面对危机的时候，只顾自己的生命安危而丢下处于危险中的朋友，像这样趋炎附势的人，不会得到真正的友谊。所以，年轻女孩在实际生活中，面对陷入困境中的朋友，要及时伸出援助之手，给予对方以帮助。这样当你陷入困难之际，也会获得朋友同样的帮助。

崔丽和冯娜是老乡，因为都嫁在了外省，两家住得又很近，所以两人经常待在一起，谈谈孩子、说说时尚、聊聊工作，慢慢地就成了亲密的朋友。

崔丽老公是做运输生意的，经常会跟车去外地洽谈业务，而崔丽就负责家里车子的运输流程。冯娜则在结婚之后就做起了全职太太，她老公自己开了个门市，生意还不错。有一次，崔丽的老公在外地出了交通事故，崔丽匆忙之下就赶了过去，到了目的地看见医院里昏迷的老公，崔丽当即昏倒了。为了给老公凑足医药费，崔丽把车子卖了，可还是差一点。这时，冯娜听说了崔丽的事情，当即从家里把自己以前上班存的私房钱，又以自己的名义在朋友那里借了笔钱，一起给还在医院的崔丽送去。崔丽双手接过钱，连声说"谢谢"。冯娜拍拍她的肩膀，微笑着看着她。有了这样一笔费用，崔丽的老公很快做了手术，保住了生命。

在医院外，崔丽紧紧地拥抱着冯娜，久久不松开。

冯娜在朋友最困难的时候，并没有选择逃避，而是倾尽所有地拿出自己的全部积蓄，最终帮助朋友度过了艰难的困境，这样的朋友无疑是最体贴的。对于每一个人来说，无论是在工作中，还是在生活中，都需要几个能够同甘共苦的贴心朋友。知心朋友，并不仅仅是当自己有了困难时，有人会主动出面、及时帮忙，而在于心灵的相互扶持。

交际点睛：

面对纷繁复杂的社会，变化多端的自然，谁也不能保证自己万事周全不求人，谁也不能夸口自己终身没有危难。因此，当人们遇到困难的时候，总是渴望得到朋友的帮助。所以，作为朋友，在别人最困难的时候，最需要你帮助的时候，一定要及时给予对方帮助，真诚地伸出手去帮朋友一把，使朋友渡过难关。只要你能在与朋友相处之中把握好这一交际原则，朋友与你的友谊就会日益加深。

同事，对自己工作有益的人

许多女孩在运用关系网时，总觉得同事之间只存在猜疑和妒忌，其实这是一个错误的认识。现代社会中，同事之间更需要同舟共济，尤其是因为一起工作，情谊会自然而然地产生。一个人在家和家人相处的时间与在公司和同事相处的时间几乎是差不多的。假如在工作中，你不会利用同事关系，不仅有些事做起来费劲，还容易让人觉得你没有好人缘。可以说，同事关系是做事最直接、最方便利用的关系。

这天，阿美兴致勃勃地拿着拟好的方案走进办公室，谁料，这个被自己看好的方案却被上司否定了。她灰心丧气地回到办公室，将文件夹狠狠地摔在桌子上，旁边一位同事酸溜溜地说："哎哟，你也有今天啊，以前可都是我们的方案被否，没想到，每次都通过的你今天也被上司否了。"阿美没好气地回答道："我就知道你在幸灾乐祸，我没什么啊，大不了，重新来过就是了。"说完，就起身去了洗手间。

阿美在洗手间碰到了同事美娜，刚才在办公室的一幕，美娜早就看见了，只是当着大家的面不好说什么。这时，她安慰阿美说："你的能力在办公室都是有目共睹的，我相信这不过是一次意外而已，很快你就能做出新的方案了。老实说，我真佩服你的工作能力，效率高，质量更高，我什么时候才能达到你这样的水平啊。”听到自己的能力被认可了，阿美气也消了些，笑着说：“你才来公司没几天啊，以后我带你吧，慢慢跟我学，很快你就跟我一样了。”“真的吗？那可真是太好了。”美娜似乎不敢相信，样子看起来非常高兴。

在被怀着嫉妒心理的同事奚落之后，阿美的心情很差，在这样的情况下，美娜却极力肯定阿美的工作能力，嘴里更是赞不绝口。这样的认可与赞美都是阿美所需要的，于是，两人的关系拉近了，美娜这个来公司不久的女孩成功地打动了同事阿美的心，获得了对方给予的帮助。

年轻女孩要想打动身边的同事，就不应该光想着自己的优点、同事的缺点，而是善于发现同事身上的优点，并对此送出真诚的赞美。其实，肯定同事的工作能力、赞美同事，很少与真正的工作有关，但却可以成为你与同事增进关系的机会。你要以敏锐的眼光去发现同事身上的优点，尤其是那些已经被人忽略的长处，在办公室里，当着许多同事的面赞美他，认可他，会使他受宠若惊，从而对你感激不尽。

在赞美同事的时候，用词要适当，即使面对不同性格的同事，选择不同的赞美语言。有的同事性格内向，城府比较深，一般而言，他们不喜欢被人大肆地赞美。对这样的同事，你的赞美之词要点到为止，太多了就会引起对方的反感；有的同事性格外向，比较活泼。面对这样的同事，你就不要吝啬赞美词汇，多赞美，他会更开心。

在赞美同事的时候，你需要观察其情绪状态。如果同事正处于情绪低落，或者刚发生了不顺心的事情，那么，过分的赞美往往会让同事觉得不够真实，这时，一定要注重同事的感受。

有的女孩觉得赞美同事，其实就是表面功夫，说两句好听的话就行了。其实，并不是这样，对同事的赞美也需要真诚，包括同事的情感感受和自己的真实情感，都需要发自内心，来不得半点虚情假意。由于情感真实，你赞美同事才会显得自然真诚，不会给人牵强附会的感觉，也才能真正地打动同事。

交际点睛：

年轻女孩应明白，同事是值得投资的朋友关系。他们了解你的背景，和你在一个公司工作，而且他们自己也有一些朋友。即便你辞职了，离开了以前的公司，他们可以在你找新工作时为你美言几句，可以为你介绍新的联系人和机会。至少，他们可以向你潜在的新雇主证明你在某公司完成过某些项目。

顾客，真诚的服务关系

许多年轻女孩觉得，销售人员与顾客之间只存在着利益关系。销售人员卖东西，顾客购买东西，双方就是买卖关系，没有半点真情实意。其实，并不是这样。虽然，从表面上看，他们之间的关系是与经济利益挂钩的。但是，顾客跟销售人员一样，都是有血有肉的人，彼此心中都有情感。如果你能真诚地帮助顾客，那么，反过来，顾客也会回馈于你无尽的感激之情。大多数从事销售的年轻女孩坚守着“唯利是图”的原则，如果顾客有兴趣购买自己的产品，她会乐意帮忙；一旦顾客没有兴趣购买自己的商品，她就会冷漠对待，丝毫不顾顾客的处境。这样的销售人员没有办法培养老顾客，更别说开发新顾客了。

这天，正值商场员工换班吃饭的时间，五楼女装商场收款员小赵去食堂就餐，当她来到洗手间的时候，看到一名女顾客低着头不停地向自己脸上捧水冲洗面部。小赵有些疑惑，不过，细心的她很快发现原来顾客的鼻子正在流血，尽管顾客不停地用凉水冲洗，但那鼻血还是一直往下流。小赵顾不上洗手，立即叫顾客稍等一下，马上跑到了餐厅为顾客拿来了餐巾纸，然后，顾客立即用餐巾纸将鼻血止住了。

小赵真诚地帮忙，让顾客很感动，她连声向小赵道谢，同时，极力表示一定要让领导知道此事。可小赵却谦虚地说："女士，这不过是举手之劳，没有什么的，我们商场的每一位员工都会像对待家人一样对待每一位顾客，您光顾咱们商场，那就是对我们最大的支持。"说完，小赵转身朝餐厅走了过去。而那位顾客朝着她离开的方向，以最真诚的方式向小赵深鞠一躬，以表达自己最真挚的谢意。

在洗手间里看到顾客正在流鼻血，想来，许多同事都看到了，不过，他们都选择了置之不理。毕竟，洗手间不是商场，你帮助了顾客，他也不会买你的商品。可是，善良的小赵却没有在意那些利益关系，而是真诚地帮助了陷入困境的顾客。这一举动，赢得了顾客的信任与赞赏。无形之中，小赵将自己良好的印象推销了出去。在后来的时间里，那位顾客会多多光顾小赵的卖场，以购买商品来回馈她对自己的帮助。

早上，女装商场的营业员小谢接待了一位带着小孩的女顾客，这位女顾客看中了一款皮衣。但是，那位小孩一直哭闹不停，顾客也没办法试穿。小谢看见了，连忙从随身的大包里取出了糖果来哄孩子。孩子停止了哭闹，和小谢玩了起来，这时，顾客才得以试穿那件皮衣，并购买了那件价值不菲的皮衣。没料，女顾客买完衣服后，想到二楼购买一些日用品，可那孩子一直就赖着小谢不走，顾客显得很无奈。小谢说道："这样吧，我先帮你看着小孩，你去买好了东西，再到这里来接他。我的工号是48，我叫谢云娜，你到时候来找我就行了。"女顾客十分感激："那就先谢谢你了，我买好了东西就来接他。"说完，就去二楼了。

过了一个小时，女顾客回来了，她对小谢说："我买的东西太多了，这会抱不了他。这样，我先在外面打好车，麻烦你给我把孩子抱出来，可以吗？"小谢笑着说："没关系，走吧。"说完，她跟着顾客走了出来，将孩子送上了车才回商场。那顾客临走的时候，对小谢说："今天可真得谢谢你，以后，我会再来你们商场买东西的。”

营业员小谢真诚的帮助打动了顾客的心，同时，更为深层地体现了服务的内涵。她的这一行为，不仅提升了商场的美誉度，也为商场培养了一名忠实的老顾客。年轻女孩作为销售人员，若是发现顾客有了困难，千万不要认为与自己无关，就不加理会。要明白，即使在买卖之后，你与顾客之间一直都存在着被信赖与信赖的关系。你的一言一行，都将决定着你在顾客心中的印象。所以，真诚地帮助那些陷入困境的顾客，或许，你的举手之劳会给你带来滚滚而来的财富。

交际点睛：

买卖是建立在彼此信任的基础之上的，而信任之源就是真诚。你若能真诚对待顾客，真诚地帮助顾客，那么，顾客定会给予你莫大的信任。这样一来，生意做成了，而且，还增进了你与顾客之间的关系。

上司，女孩职场路上的引导人

年轻女孩在职场，会因为许多事情而失眠：紧张的工作、业绩的压力、失败的战略、搁浅的方案、难缠的客户等，各种原因使得自己的工作看起来那么的讨厌。但最让女孩感到烦恼的是却是自己与上司的关系。相信大多数女孩都在暗自苦恼：我怎么做才能得到上司的欣赏、肯定与提拔呢？可以肯定的是，上司是决定一个人职场沉浮的关键因素，也是职场所有问题的根源，更是解决这些问题的金钥匙。而如何用好这把金钥匙，关键是取决于你和上司的关系。

游走职场的年轻女孩，更善于和上司相处。上司对于女孩而言，可以说是职场路上的引导人。如果年轻女孩能摆正自己的位置，就会轻松自如地与领导搞好关系。与领导同处一个办公室的女孩，能够服从领导管理，尊重领导，对领导说话有分寸，不该说的话她绝对不会说出口，这样，就不会惹得领导不高兴，自己也揪心。不服从领导管理的女孩，往往言辞激烈，目中无人，很容易惹火上身。

做行政人事的马蕊在公司如鱼得水，可以说是要风得风，要雨得雨，这都源于公司领导对她的重用。而马蕊天生一副好嗓子，又会察言观色，对上司的心理了如指掌，这仿佛让上司找到了知音，有什么事情都会告诉她，让她为自己参谋。深知上司心思的马蕊巧妙地献计献策，并不失时机地对上司大肆恭维，这让上司感觉非常受用。

特别是近期的一次会议安排，上司仍然交给马蕊去办，邀请一些业内人士出席。当马蕊看到受邀请的人士有许多社会名流时，又开始大献殷勤，称赞上司社交广，见识多。在会议期间，马蕊当着众人的面，称赞上司慧眼识英才，知人善用，对宾客热情真诚。

没过几天，马蕊就被升职了。旁边的同事却不知道为什么会这样？马蕊一语道破其中的秘密，原来她对上司的赞赏以及适时的奉承，使得上司的心理很受用。即使上司知道马蕊的话不是全部出于真心，只要感觉身心舒服，他也会很乐意听。慢慢地，上司就会对马蕊越来越信任，青睐于她。而马蕊正是凭着自己一张抹了蜜的嘴，开辟了自己广阔的职场之路。

不过，职场女孩在与上司相处时，要尽量保持平衡的心态。有的上司不喜欢人前人后地恭维，认为那是往自己脸上贴金，看着体面，实际上是在给自己负重。当然，上司也不喜欢这样的人，尤其是这样的年轻女孩。在职场中能够历久弥新的女孩，不会过分地恭维上司，她的话会句句说到点上，为上司分忧解难，这当然能赢得上司的欢心。事例中的马蕊经常对领导恭维，适时说到上司的心里，最后得到了职场晋升的皆大欢喜的结局。

交际点睛：

职场中的女孩，在合适的场合，对领导进行适时的恭维、赞扬，能够得到领导的喜爱，会被委以重任。但是年轻女孩要切记，恭维领导不要过火，那样无异于溜须拍马，搬起石头砸自己的脚。在与领导相处时，要注意说话的场合和分寸，摸清领导的心思，句句说到点上。这样说话才有分量，领导才会欣赏，自己在职场中才能施展自己的才能，使职场一帆风顺。

亲戚，最值得倚靠的朋友关系

俗话说："亲是三分向。"亲戚之间大部分都是血缘或亲缘关系，这种特定的关系决定了彼此之间的关系的亲密性。这种亲属关系是提供精神、物质帮助的源头，是一种长期持续、永久性的关系，是种客观存在。不过，亲戚关系尽管密切，却同样需要女孩经常与之保持联系，只有在平常保持亲戚关系的密切，在需要时亲戚才会伸出他们的援助之手。在中国流行这样一句话："亲戚不走不新，常走常新。"只有经常的礼尚往来，才可以沟通联系，深化感情，密切亲戚关系。

年轻女孩应清楚，纯洁真挚的亲戚关系是一种人情味浓厚的朋友关系，而不是建立在经济基础上的利益关系，不能给它蒙上庸俗的面纱。只有在亲近、真挚、常联系的基础上，才能建立真诚的亲戚关系；假如彼此之间少了经常性的走动，那就可能会出现"远亲不如近邻"的局面了。这就要求，年轻女孩必须经常主动地走到亲戚家去，去看看，聊聊家常，联络联络感情，这样才能保持友好的亲戚关系。当然，看待亲戚关系时有一点比较重要，那就是不能有贫富贵贱之分。不能因为对方富有就长去，也不要因为对方贫穷而不常去。这样的行为只会让亲戚对你冷眼对待，亲戚关系也不会搞好的。

小月刚刚大学毕业，就找到了一份令人羡慕的公务员工作。当然，熟悉她的人都知道因为她舅舅就是交通局的局长，自然找工作很轻松。实际上，小月从上学开始就一帆风顺，鲜少有什么波折，这一切都得益于其亲戚朋友关系。

小月三岁多，正是到了上幼儿园的年纪。她的小姨在一家私立幼儿园当老师，因这一层关系，小月轻松就进了这家私立幼儿园，这一起步比其他同龄的孩子就要高。到了上小学的年纪，因其伯父是重点中学的主任，小月没费多大劲就拿到了入学指标。上初中，小月得到了姨父的帮助，成为了市里一所重点中学的学生。

高考结束后，小月的姨父先是托人打听了她的分数，结合小月自己的报考意愿，为小月推荐了有自己同学所在的一所211大学。自此，小月大学四年还是多亏了姨父同学的照顾，顺利考研，然后顺利毕业。

尽管小月的朋友都忍不住有点酸酸地说："你这都是官二代的命啊！"但同时都会羡慕小月的亲戚关系。小月则认为，这些亲戚愿意大力帮忙，还在于自己平时的付出。小月平时就很乖巧，除了在学校读书，回家了定是去看看小姨、姨父、伯父等亲戚，而且还会精心准备他们爱吃的小零食。在这些亲戚看来，小月不但与自己有血脉上的亲情，而且这孩子孝顺，乖巧懂事，谁不愿意帮忙呢？

人人都难脱一个"情"字，亲戚之间也是如此。年轻女孩应记住，建立良好的亲戚关系是求亲戚办事成功的主要原因，不过良好的关系的建立并非是一朝一夕就可以做到的，必须从一点一滴入手，倚靠平时的积累。只有不断地构建和巩固，亲戚关系才会牢固，有了铁一样的关系，还怕什么呢？

交际点睛：

亲戚之间，必定是礼尚往来。年轻女孩除了要经常去亲戚家里走动之外，也要经常邀请亲戚到自己家里做客。利用自己的空间与亲戚联络感情，做一回主人，热情款待他们，让他们有一种自己家的感觉。时间久了，亲戚之间的关系就会异常融洽。亲戚是女孩天生的最有利、最密切的朋友，不过它同样需要女孩去维护。只有在平常的"常来常往"的基础上，亲戚这个最亲密的朋友才有可能成为你最能倚靠的朋友关系。

第6章

女孩懂点心理，交际中占据主动

在生活中，对年轻女孩而言，人际交往活动是不可避免的。交际是年轻女孩用一定的工具传递信息、交流思想，以求达到某种目的的一种社会活动。这更是社会团体之间、个人之间，为了求得生存和发展，并赢得最大效益的重要途径。

了解对方的喜好，对症下药

聪明的年轻女孩在交际中总是能够轻易获得别人的好感，这是为什么呢？并不是因为聪明的女孩天生会讨人喜欢，而是因为她们在很多时候，能够巧妙地对他人“对症下药”，那样就会达到她在交际中的目的。当你与人交流时，如果你选择别人感兴趣的话题，那么对方就会很乐意与你谈话，并且在这时候，如果你要寻求什么帮助，对方也一定会倾力而为。打动人心的最佳方式，就是跟对方谈论其最感兴趣的、最喜爱的事物，也就是所谓的投其所好。年轻女孩在说话时，如果能够投其所好，对症下药，那么你就会赢得对方的好感，你离成功也就越来越近了。投其所好是一门艺术，也是一种难得的智慧，它更是人与人进行沟通的秘诀。

曾经有一位老妇人去向哈维推销保险，当时所有知情的人都会以为她会失败，可是没有想到，最后她成功地向哈维推销了一份保险。她是怎么做到的呢？

她见到哈维，就以一个善良的微笑和温暖的握手解除了哈维的“武装”，等到哈维愿意坐下来听她讲话时，她就立即从随身的包里取了一份杂志来。那是一份全年的由哈维主编的杂志《拿破仑·希尔的黄金定律》，当老妇人看到哈维诧异的表情时，她便开始滔滔不绝地向他谈起其读杂志的感受，并且巧妙地赞誉他“所从事的，是今天世界上任何人都比不上的最美好的工作”。于是，她说的每一句话，在哈维听来都是很迷惑人的。她整整“迷惑”了哈维 45 分钟，直到交谈的最后 3 分钟，那位老夫人才随意地谈起了自己所推销的保险的长处。最后，老妇人赢得了哈维的投保订单。

老妇人善于发现哈维的闪光点，并且从自己理解的角度真诚地去赞美了哈维，她的“对症下药”首先就赢得了哈维的好感。而在最后的几分钟，她才把自己的工作娓娓道来，所以能够成功地推销一份保险。很多卓有成就的推销员都是靠在谈话中恰当地使用“投其所好”，拉近自己与客户的距离，从而把自己的更多产品推销出去。在平时的谈话中怎么才能拉近双方的距离呢？那就是你找他感兴趣的话题说，或者善于发现对方的闪光点，或者是把话说到对方的心坎上，那么你们的谈话可以非常愉快地继续下去，并且很有可能因此而成为朋友。

聪明的年轻女孩要明白这样一个道理：“对失意人，不谈得意事；处得意的，莫言失意时。”对人说话，应该投其所好。能够投其所好，你的话才能在对方心中产生作用。如果你在谈话时，你只挑自己感兴趣的话题，或者不识时务地谈起对方心里的要害之处，那么，对方跟你谈话就显得无聊之极，特别是你谈到他的痛处，他不仅对你没有什么好感，还会对你更加厌恶，因为你的话无形之中像一把利剑刺入他的心脏。

春秋时期，陈国国君灵公有一次在夏徵舒家里饮酒，几人一边喝酒一边闲聊。当时他看到孙宁、仪行父的时候，就想嘲弄他们。于是他对孔宁、仪行父两大夫说：“徵舒像你俩。”而两大夫也不客气地回敬说：“也像您。”不言而喻，其意是指三人均和夏徵舒的母亲“有染”。结果，陈灵公被夏徵舒用箭射死。

陈灵公在说话的时候非但没有“对症下药”，反而在谈话之间对别人嘲弄，于是，引来别人的嫉恨，最后连自己的命也搭进去了。所以，年轻女孩在平时谈话时，如果你想获得别人的好感，获得别人的青睐，就要学会在谈话中对他投其所好。

如果你不知道怎么“对症下药”，那么你可以在与他交谈之前，通过他的朋友或是他身边的人来对他有一个大致的了解，比如他的性格、爱好、优点。这样，你就会在谈话中游刃有余地对他“下药”，或是针对他的优点赞赏一番，或是迎着他的性格说些漂亮的话，或是把他所爱好的事物在他面前随便说说，这样就会无形中拉近你和他之间的距离。他就会对你充满了好感，甚至愿意与你有下一次的交谈。

交际点睛：

聪明的年轻女孩，学会抓住对方的闪光点，发现对方美好的一面，并且真诚地赞美别人；寻找对方的兴趣点，从对方感兴趣的话题或者是事物着手，你就会发现这将成为你们共同的话题，而不是你一个人在那夸夸其谈。利用他人的闪光点和兴趣，来建立你们之间良好的关系，这会成为你交际中的一把钥匙。

女孩以柔克刚，以退为进

现代社会，越来越多的年轻女孩变得精明强干，她们奔波于生活与工作之间，社会已经把她们定义为强者。其实，人们欣赏独立自主的女性，却很难苟同非常强势的女孩。事实上，年轻女性偶尔的示弱会更好地帮助你适应环境，建立融洽的人际关系。张爱玲曾经说过，善于低头的女孩才是最厉害的女孩，越是强悍的女性，示弱的威力就越大。作为一个年轻女孩，无论是在生活中还是在工作中，一味地逞强，处处表现自我，甚至锋芒毕露，这未必就是好的。稍有不慎出现了突发状况，而自己又处理不当就会适得其反，使自己陷入不必要的拉锯战中，会逐渐失去生活的幸福感，也会给自己的工作带来一些麻烦。因此，有时候适当地示弱不失为一种以退为进的手段，以此为自己争取更多的主动权。

年轻女孩适时地示弱并不是弱者的表现，而是为了使自己变得更加强大；适当的示弱也并不是为了摇尾乞怜，而是给他人更多疼惜自己的机会；适当的示弱并不是为了表现自己的无知，而是为了获得更多学习的机会。聪明的女孩，懂得在关键的时刻以一个弱者的姿态获得怜惜，以此取得事业成功的机会，获得家庭温馨的幸福。

小万刚刚从大学毕业，通过应聘到一家广告公司上班。她在读大学的时候，是一个成绩优异的学生，曾经担任了两届学生会主席，连续四年获得了全额的奖学金。虽然，这些傲人的荣誉都将写在她的档案上，但是她明白这已经是过去的事了，自己的工作才刚刚开始，更应该懂得谦虚谨慎。

于是，当她来到新公司报道的时候，处处表现得谦和有礼，赢得了同事和上司的一致认可。她在工作上勤勤恳恳，脚踏实地，即便是在上司的要求下去做一个文件的打印工作，她也会重新检查一遍文件的字样，核对一些信息。等到第二天上司到办公室时，已经看见文件整整齐齐地摆放在办公桌上了。当工作中遇到困难的时候，她也会耐心地向同事和前辈请教，给大家留下一个谦虚、好学、尊重他人的良好印象。她坦然大方地承认自己的无知并没有给同事留下“愚笨”的形象，反而会让办公室的同事多了信任感，也更愿意接纳她。

以小万工作能力上的突出表现，以及她良好的人缘关系，不到两个月她就独自接了一个广告案子。

很多年轻女孩在进入新的公司之后，都会因为自己的高学历处处争强好胜，急于表现自我，其实这样的锋芒毕露的做法往往会使自己陷入被动的地位；另外，也会给身边的人留下“目中无人”的印象，自己与上司、同事之间的关系也变得极为脆弱，进而影响到自己的工作效率和工作质量。

其实，男人天性中就有种保护欲，他们同情弱者，面对女性的示弱会因为怜香惜玉而主动做出让步。女孩一个不经意的微笑，偶然间表露出来的娇羞，适时流出的眼泪，都会让男人从心里萌发出怜惜之情。年轻女孩适时的示弱会让男人有一种成就感，而如果女性总是表现出强势就会让男人有一种压力感。女孩示弱，并不是一种软弱的表现，而是给男人更多保护自己、关心自己、呵护自己的机会。

交际点睛：

年轻女孩并不是弱者，但应该学会适当示弱。无论是在工作中还是在生活中，女孩都要懂得示弱，当你承认自己无知的时候，其实就是为了掩盖自己的锋芒;当你告诉对方你需要他,没有他你会遇到很多难处,他就会知道自己的责任而加倍地疼惜你。富有智慧的女孩,会懂得以一个弱者的姿态来获取怜惜,比起逞强换来的疼惜,适当示弱换来的效果要好得多。

登门槛效应:令他人同意自己的意见

登门槛效应,也称得寸进尺效应,是指一个人一旦接受了他人的一个微不足道的要求,为了避免认知上的不协调,或想给他人以前后一致的印象,就有可能接受更大的要求。这种现象,犹如登门槛时要一级台阶一级台阶地登,这样能更容易、更顺利地登上高处。其实,每个人都有一种在他人面前保持形象一致的心理需求,他们不希望自己被看做是反复无常、莫名其妙的。基于人们这样的心理,年轻女孩在交际中需要巧妙利用登门槛效应,一步步说理,会令对方欣然接受。

美国社会心理学家弗里德曼与弗雷瑟在 1966 年做了这样一个现场实验:实验者让助手到两个居民区劝人们在房前竖一块写有"小心驾驶"的大标语牌。在第一个居民区,向人们直接提出这个要求,结果遭到很多居民的拒绝,接受的仅为被要求者的 17%。在第二个居民区,先请求各居民在一份赞成安全行驶的请愿书上签字,这是很容易做到的小小要求,几乎所有的被要求者都照办了。几周后再向他们提出竖牌的要求,结果接受者竟占被要求者的 55%。

同样都是竖牌的要求,却产生了截然不同的结果,为什么呢?原因在于当你向对方提出一个微不足道的要求时,对方难以拒绝,否则,就显得太不近人情了。于是,一旦接受了这个请求,就仿佛跨越了一道心理上的门槛。当再次提出较高的请求时,这个要求和前一个请求有了继承的关系,对方就容易顺理成章地接受。

在钟表店里,一只组装好的小钟,放在了两只老钟的当中,其中一只老钟对小钟说："天啊，这么小的钟，等你一年走完3200万次恐怕便吃不消了。"小钟吃惊地说："要走那么多次，我可办不到！"另一只老钟说："别听他胡说，你只要每一秒'滴答'一下就可以了！"小钟将信将疑说："这么简单吗？"就这样，小钟很轻松地在每秒的"滴答"声中，不知不觉走完了一年，他回过头一算，果然摆了3200万次。

登门槛效应给人们的启示就是，当你需要向对方提出一个比较大的要求时，可以先不直接提出，因为这个要求很容易被对方所拒绝；在这时，你可以先提出一个较小的要求，一旦被答应，再提出那个较大的要求，这时候才会有更大的被接受的可能性。当你在说服对方的时候，也需要灵活运用这一效应。

豆豆早晨喜欢赖床，每天早上到了八点才起床，爸爸向豆豆提出了要求："以后每天早上提前两个小时起床读书。"豆豆听了立即表示抵触，妈妈见此情景，用商量的语气说道："那先每天提前十五分钟起床好吗？"豆豆听了马上就答应了。过了一段时间，妈妈又提出再提前十五分钟起床的要求，豆豆也很爽快地答应了。就这样，用了不到两个月的时间，豆豆完全做到了每天提前两个小时起床。

在这里，妈妈所使用的心理策略，就是典型的登门槛效应。比如，对一个推销员来说，当他可以令顾客打开门，跟顾客展开交谈时，其实，他就取得了一个小小的进步。在这样的情况下，假如他能够说服顾客看一看他的产品的话，那么，他就可以再提出"购买产品"的要求，而且，这样的要求很有可能被满足。

那么，该如何巧妙地使用登门槛效应呢？

1. 降低要求的"门槛"

如果你想要顾客购买自己的糖果，需要降低自己要求的"门槛"，不妨先说"这是我们店刚进的新品种，清甜可口，甜而不腻，请您随便品尝，千万不要客气。"对方在"恭敬不如从命"的心理状态下品尝了糖果，这时候你再提出“购买”的要求，对方一定不会拒绝的。

2. 先提出一个微不足道的要求

一般情况下，男生都是这样“追求”女孩子的“这道题我不是很理解，你能帮帮我，给我讲解一下吗?”之后呢，紧接着：“顺路，我送你回家吧”……就这样一步步“说服”对方成为自己的女朋友，而且，由于是遵循了“登门槛效应”，在整个过程里，对方不会有不安的感觉。

交际点睛：

心理学家 D·H. 查尔迪尼代替某慈善机构做一次募捐活动，他对一些人说了一句话“哪怕一分钱也好”，结果这些人的募捐要远远高于另外一些人。在日常交际中，当年轻女孩再向对方说出“哪怕……也好”的时候，就会产生登门槛效应，使得对方欣然接受你的请求。

女孩，以你的热情融化他

爱默生曾说：“有史以来，没有任何一件伟大的事业不是因为热忱而成功的。”热忱到底是什么呢？卡耐基曾在自己的办公桌上挂了一块牌子，在镜子上也挂了同样的一块牌子，而麦克阿瑟将军在南太平洋指挥盟军时，其办公室墙上也挂了这样一块牌子，这三块牌子上写着相同的座右铭：“你有信仰就年轻，疑惑就年老；有自信就年轻，畏惧就年老；有希望就年轻，绝望就年老；岁月使你皮肤起皱，但是失去了热忱，就损伤了灵魂。”这几乎是对“热忱”最好的赞美词。当然，这并不是一段单纯而美丽的话语，而是迈向成功的必要途径。年轻女孩的热忱，更是为其所做的每一件事情都增添了趣味，能够软化他人的冷面孔。哪怕遇到一个再冷漠的人，只要年轻女孩怀着热忱的态度，就一定能融化对方，打动对方。

有一次，一位推销员来拜访拿破仑·希尔，希望他订阅一份《周六晚邮》。推销员满脸沮丧，拿着那份杂志向拿破仑提问："你不会为了帮助我而订阅《周六晚邮》吧，是不是？"拿破仑一口就拒绝了推销员的要求，那位推销员阴沉着脸走了出去。

几个星期之后，另一位推销员来拜访拿破仑，她推销六种杂志，其中有一种就是《周六晚邮》。推销员看了看拿破仑的书桌，发现书桌上已经摆了几本杂志，突然，她忍不住热心地惊呼了起来："哦！我看得出来，你十分喜爱阅读书籍和各种杂志。"拿破仑放下了手中的稿子，点点头。推销员走到书架前，从书架上取出了一本爱默生的论文集，她开口谈论起了爱默生那篇"论稿酬"的文章，不一会儿，拿破仑也加入其中讨论。然后，推销员开始将话题回到了订阅杂志的问题上，她问拿破仑·希尔："你定期收到的杂志有哪几种？"拿破仑·希尔回答了自己订阅的杂志名称，推销员脸上露出了笑容，随即摊开了自己的杂志。她开始分析："我觉得这里的每一种杂志你都需要订阅一份，《周六晚邮》可以让你欣赏到最干净的小说，《美国》杂志可以给你介绍工商界领袖的最新生活动态……像你这种地位的人物，一定要消息灵通，知识渊博，如果不是这样子的话，一定会在自己的工作上表现出来。"拿破仑笑了，问道："订阅这六种杂志一共需要多少钱？"推销员笑着回答："多少钱？呀，整个数目还比不上你手中所拿的那一张稿纸的稿费呢。"最后，她离开的时候，带走了拿破仑·希尔订阅六种杂志的订单。

两个推销员同样是向拿破仑推销杂志，但为什么那位女推销员最后获得了成功？事实上，拿破仑自己在回忆这件事情的时候，曾这样说："第一位推销员的话中没有以热忱作为后盾，在他脸上充满阴沉而沮丧的神情，他并没有说出任何足以打动我的理由；那位女推销员开始说话，我就从她身上感受到了那股热忱，她通过热忱感染了我，打动了我，促使我不得不订阅那六种杂志。"女推销员通过语言以及行为所传递出来的"热忱"软化了拿破仑的冷面孔，即使拿破仑在之前早已经打定主意不理睬她，但是，最终在热忱的感染与鼓舞下，他心甘情愿地掏钱订阅了杂志。

热忱是一种意识状态，能够鼓舞及激励一个人对手中的工作采取行动。年轻女孩应该明白，热忱还具有极强的感染力，不仅仅对怀着热忱的本人产生重大影响，而且，还能有效地感染他人，打动他人。女孩本身就是充满活力的年轻人，更需要以热忱为信仰，并以此打动对方。毕竟，在交际场合中，许多人在评估一个人的时候，他不仅仅考虑其能力，而且还需要考虑对方是否热忱。

交际点睛：

年轻女孩若是缺少了热忱，你能打动谁呢？在与人的沟通过程中，不论对方对自己的话题是否感兴趣，女孩都应该满腔热情地和对方“套近乎”，保持友好的微笑，用自己的热情去打动对方，如此以诚相待，才能使交流得以顺利地进行下去。大量事实证明，热忱是交际中必不可少的要素，它能融化冰雪，能软化对方的冷面孔，在交往中，热忱是少不了的。也许，对方对你的热情一开始并不“感冒”，但是请不要着急，只要你能坚持热情似火，总会打动对方的。

善解人意，让对方聊他自己

在生活中，大多数年轻女孩在交际过程中都喜欢谈论自己，从嘴里不断地蹦出“我今天……”“我觉得……”“我买了……”，这样的一种交际只能会让对方变得沉默，甚至哑口无言，难道对方真的只是个“西瓜”吗？其实，年轻女孩应该明白，最有效的沟通就是让对方尽可能地聊他自己，这样大家都欢喜，他满足了想表达的欲望，你则以自己的“善解人意”打动了对方。在交际过程中，女孩通常都会犯一个严重的错误，那就是不给对方聊自己的机会。事实上，让话题围绕对方展开，这样双方才会“有得聊”，而你也才能打动对方。对此，年轻女孩特别要明白，聊天并不是个人演讲，不要总是谈论自己，而忽略身边的谈话朋友，总是谈论自己的话题只会让别人更加厌烦你。那么，在与对方进行语言交流的时候，不妨忘记自己，让话题围绕对方展开，这样不仅能使彼此之间的沟通更顺畅，且更能打动对方。

阿美是一家房地产公司总裁的公关助理，奉命聘请一位特别著名的园林设计师为本公司的一个大型园林项目担任设计顾问。但这位设计师已退休在家多年，且此人性情清高孤傲，一般人很难请得动他。为了博得老设计师的欢心，阿美在正式拜访之前做了一番调查，她了解到老设计师平时喜欢作画，便花了几天时间读了几本中国美术方面的书籍，做好了准备工作，到时候才能好好地与他聊天。

这天，她来到老设计师家中，刚开始，老设计师对她态度很冷淡，阿美就装作不经意地发现老设计师的画案上放着一幅刚画完的国画，便边欣赏边赞叹道："老先生的这幅丹青，景象新奇，意境宏深，真是好画啊！"一番话立即使老先生感到一种愉悦感和自豪感。接着，阿美又说："老先生，您是学清代山水名家石涛的风格吧？"这样，就进一步激发了老设计师的谈话兴趣。果然，他的态度转变了，话也多了起来。老先生谈起了自己的绘画经历。在交谈过程中，老先生侃侃而谈，阿美则时而微笑，时而点头，两人的感情越来越近。最后，阿美说服了老设计师，出任其公司的设计顾问。

刚开始，阿美并没有说出自己此次前来的目的，而是将话题引到了老先生的身上，这样一来，激发了老先生的谈话兴趣，随着谈话的进行，两人的心灵距离越来越近。最后，阿美如愿打动了老设计师，达到了自己的目的。

一位漂亮的女郎在首饰店的柜台前看了很久。售货员问了一句："这位女士，您需要买什么？""随便看看。"女郎的回答明显缺乏足够的热情。不过，售货员发现这位女士总是有意无意地触摸自己的上衣，好像对自己的上衣很是满意，售货员忍不住说："您这件上衣好漂亮呀！你的眼光真不错。"一下子就将话题拉到了对方身上。果然，"啊？"女郎的视线从陈列品上移开了，移到了自己感兴趣的上衣上面。"这种上衣的款式很少见，是在隔壁的百货大楼买的吗?"售货员满脸热情,笑呵呵地继续问道。

"当然不是,这是从国外买来的。"女郎终于开口了,并对自己的回答颇为得意。"原来是这样,我说在国内从来没有看到这样的上衣呢。说真的,您穿这件上衣,确实很吸引人。""您过奖了。"女郎有些不好意思了。"只是……对了,可能您已经想到了这一点,要是再配一条合适的项链,效果可能就更好了。"聪明的售货员顺势转向了主题。"是呀,我也这么想,只是项链这种昂贵商品,怕自己选得不合适……"

在日常交际中,经常会出现这样的情况:年轻女孩对于谈论他人的话题,总显得心不在焉,不是摆弄手机,就是四处张望。但是,一旦话题转到了自己的身上,其内心就激起了一种谈话的欲望。毕竟,每个人都希望自己被重视。年轻女孩在交际时需要深谙这样的心理,多方面地为对方考虑,让对方多聊他自己,如愿打开其心扉。

交际点睛:

年轻女孩应记住,人类本质里最深层的驱动力就是希望具有重要性,一个人最想谈论的就是关于自己,因为他在谈论自己的时候,感觉到了被重视、被尊重。这样的心理得到满足之后,不知不觉间,他就会对你产生莫名的好感,进而被你打动。

暴露自己的劣势,有助于对方获得优越感

在现实生活中,许多成功学的书教导年轻女孩要用"积极思维"来自我肯定。其实,这种简单的方法不仅令自己产生挫败感,且会使他人心中感到不悦。有些女孩经常这样说:"在我所从事的领域里,我是出类拔萃的。""我有足够的时间、能力、智慧来做这件事。""我觉得只有我才是最棒的。"如果你仔细观察,就会发现这些女孩从来都是不受欢迎的那一类人,毕竟,没有

谁能认同一个争强好胜、锋芒毕露的人。在与人交往的过程中,年轻女孩要明白,你越是炫耀自己的优势,就越是贬低了对方;反之,你若是承认自己的劣势,则有助于使对方获得优越感。人们总是青睐那些看上去有点小缺点,不会威胁到自己的人;而那些太优秀的人,无一例外地都被人们当成了竞争对手或是敌人,当然,他们是不会认同自己的敌人的。因此,在生活中,女孩要想快速赢得他人的认同,不妨承认自己的劣势,这样使对方获得一种优越感,而你自己也轻松地打动了对方。

小卓和小万是大学时代的好朋友,她们一起进了同一家公司,并应聘到同一个部门。小卓的性格有点内向,说话做事都谦和有度、彬彬有礼,而且,她经常大方地承认"这个我不太懂,特向您请教一二""做这个方案需要注意些什么问题呢,你先给我讲讲吧,以免我做错了"。如此,承认自己的劣势,深得上司和同事的喜欢。小万在大学时期是学生会的主席,难免会带点自恃雄才的态度,而且她看起来又很漂亮,所以她更觉得自己是个优秀的人才。她总说"这有什么难的,我三两下就搞定了""在这个世界上,就没有我干不成的事情"。这样的她在公司里几乎没有交到一个可以信赖的朋友,反而给自己树立了不少对手。

有一次,公司进行新一轮的人事变动,小卓和小万所在的部门也需要提携一个得力的助手。主管为了显示出公平,决定通过提名和主动竞聘两种方式相结合。会议一开始,小万就迫不及待地开了头:"我想来竞聘这个职位,因为我觉得自己各方面都比较优秀,我在大学时期是学生会干部,这让我积累了不少与人交际的实际经验……"当她在台上侃侃而谈的时候,台下的同事却开始小声议论起来"就她,才出校门的黄毛丫头,能行吗?""嘿,就学校那点经验还好意思拿出来说,有本事在社会上锻炼几年再说"……议论声越来越大,坐在下面的小卓担心地看着小万,小万却置若罔闻,依然讲得津津有味。

后来,有不少同事开始提名推荐,有人冒出一句:"我觉得小卓挺不错的，谦和有度，即便是对我们这样的老员工，她也能耐心请教，什么时候都面带笑容，做事也很认真，但从来不张扬……”旁边一位老员工也附和“是啊，现在就得给年轻人一个发展的机会，像我们这样的老骨头就算了”。小卓脸红了，站起来说道：“承蒙大家厚爱了，我觉得自己身上还有很多地方不足，担当不起这样的重任。”谁知，小卓这样一说，支持她的人更多了，在少数服从多数的情况下，小卓被任命为部门助理。

在公司，谦和有礼的小卓和张狂不羁的小万形成了鲜明的对比，同事们在承认自己劣势的小卓面前得到了一种优越感，好像这个小姑娘总是请教这、请教那，完全威胁不到自己，这样想来，对她慢慢产生了好感。而相反，小万的自恃雄才让身边的同事感到了威胁，不知觉地就对她产生了厌恶。于是，谦和有礼的小卓受到了公司上下的一致认同，而张狂不羁的小万则被大家遗弃了。

大量事实证明，承认自己的劣势有助于对方获得一种优越感，那么，其中的奥秘在哪里呢？不可否认的是，优越感来自比较心理。承认自己的劣势，其实就是抬高了对方，贬低了自己。即使你本身很有能力，但若是在他人面前承认一些小缺点，那对方就会觉得“原来这样一个优秀的人也有缺点啊，看来，他不过和我一样”“在这方面，他还真的不及我”。这样想来，他对你就会产生一种亲切感，而自己则获得了一种优越感。

交际点睛：

其实，优越感来自比较心理，如果觉得在某方面强过了他人，就会形成一种优越感。在日常交际中，年轻女孩不要忽视人们的这一心理，保持谦虚的姿态，大方承认自己的劣势，使对方获得一种优越感，以此快速赢得他人的认同。

暴露自我缺点，令他人亲近

据说，刺猬背上的刺可以保护自己，但柔软的腹部是致命的弱点，如果它的天敌知道了它的弱点，它的寿命就会进入倒计时……有时候，我们也会自然地把人比作刺猬，披着伪装的外衣，小心翼翼地保护着自己，以免自己的弱点暴露，带来一些伤害。其实，人跟刺猬一样，都是害怕受伤的动物，竭力保护着那些致命的弱点，不敢暴露出来，在人前显示出自己最好的一面。但是，每个人都有自己的弱点，在对手眼里，这是可以击破的缺口；但在其他人眼里，这却是一种坦诚的方式。在日常交际中，年轻女孩适时暴露自己的缺点，会让你受到更多人的亲近。

在交际场合中，如果女孩总是想法设法地掩盖自己的缺点，不敢袒露真实的自己，那么，你下意识的行为会逐渐地影响你与他人之间的关系。因为你给别人的感觉，就是不够真实。人与人之间的交往是建立在真实的基础之上的，这样的真实就包括显示真实的自我。每个人都有自己的缺点，这是很正常的，在恰当的时候，需要暴露自己的缺点，让对方觉得“原来他跟我一样，也是有缺点的人”，这样一想，他自然会愿意亲近于你。在现实生活中，许多女孩总是想树立一个“完美”的形象，她所展现出来的全部是优点，没有缺点，自以为如此的形象可以使更多的人亲近自己。结果却是出人意料之外，所谓“高处不胜寒”，或许，你表现出来的“完美”形象会成为你交往的障碍。更多的人，他们只愿意与一个再普通不过的人做朋友，而不是与一个没有缺点的“圣人”做朋友。

乐乐今天和朋友去逛街，虽然她个头有163cm那么高，这在南方也不算矮了，但可“恨”的是那位朋友个头比自己还要高。乐乐为了不让人们觉得自己比她矮，硬是穿了一双高跟鞋。刚开始的时候，还没有什么。但是，一个小时以后，乐乐觉得自己的脚已经吃不消了，脚越来越痛，腿也开始疼起来了。

乐乐朋友好像察觉到她的痛苦,把她引到了一个鞋店,笑着跟她说:“我看你还是买双休闲鞋吧,这样穿起来就没有那么痛苦了,像你这样的个子应该不必穿高跟鞋的。”乐乐一脸苦笑,朋友笑着:“该不会是和我比高吧。”乐乐不好意思低下头去了,朋友拉着乐乐坐了下来:“咱们是这么多年的朋友,我又不会因为比你高那么一点点而看扁了你,你呀,在我心中,是永远不可替代的好姐妹。”乐乐心情很激动,她后悔自己不该穿高跟鞋来逛街了,不过,她怎么也不后悔有这样一位朋友,因为,朋友才是自己的财富。

从乐乐的事例中可以看出,不要害怕自己的弱点。如果你仅仅是为了自己的弱点而刻意去逃避,或者为了自己的弱点刻意去隐藏,这样下去,最后受累的是自己,受伤害的也是自己。因为你总是在担心自己的弱点会不会被朋友发现,这样的掩盖是痛苦的。而你的弱点还是弱点,也许这一点不能改变,那么,你就没有必要隐藏真实的自己,让自己的弱点大胆地暴露出来,有时候,弱点也许会是优点的。

小李研究生刚刚毕业就来到了这所中学,当时,在这所偏远的中学里,小李是唯一的高学历,大多数同事都是年纪一大把的“老古董”。虽然他们有很多年的教学经历,但学历并不高。小李刚开始不以为然,觉得自己应该表现得更优秀一点,这样,才会受到学校领导的重视。

在学校待了一段时间,小李认识到了那一群“老古董”的力量。由于小李的清高,以及所展现出来的“完美教学”模式,使得他在学校受到了排挤。不仅仅是老古董同事,甚至,就连学校的领导也觉得小李太难以亲近了。小李感到很难过,没想到,优秀的自己也会受到如此的待遇。于是,他决定藏起自己的才华,在教学上,不时露出一些小缺点,时而向老同事请教。他还常常谦虚地说:“我一个刚毕业的学生,什么都不懂,还需要你们多多指教呢。”这样一转变,小李一下子就成了学校最受欢迎的老师,而且,那些老同事也不再为难他,而是想办法来亲近他。

每个人都有弱点、强项，这是均衡的，没有必要在他人面前故意掩盖。当你大胆地暴露了自己的缺点，并没有让别人瞧不起你，而是让别人看见了一个真实的你，这并不是一件坏事。或许，你的真诚可以换来一份难得的友谊，获得他人的认可。有的年轻女孩不敢向朋友表现自己的弱点，认为那是一件难为情的事情。事实上，当你大胆地暴露出自己的缺点，同时战胜了内心的胆怯，这对于你来说，也是一个良好的开始。

交际点睛：

年轻女孩需要适时暴露自己的缺点，不仅仅是在朋友面前，在陌生人面前，在同事面前，你都可以这样做，让人觉得你只不过是一个普通人，不具备威胁性，这样你才会受到更多人的亲近。

第 7 章

女孩眼明心细，弹指间洞悉人心

在与人交际的时候，若用心观察，你会发现，通过眼睛来读懂他人的内心是一个很好的办法。此外，人们的双手会做出许许多多的小动作，每一种手势背后都有一种隐而不发的心理秘密，这些手势虽然并没有声音，但是却往往暗含着人们内心的真实情绪与心境；在人们的交谈中，认真地倾听他们说话的主要内容，你也可以在其中找到他人真实内心的蛛丝马迹。

女孩透过眼睛了解他人

眼睛是心灵的窗户，所以，在交际中，女孩要学会透过眼睛识人心。聪明的女孩可以从他人的眼睛里看到对方的灵魂深处的丑恶和奸诈，也可以看到他深藏在心底的善良和正直，还可以看出你们在谈话时对方对你的真正态度。正如夏洛蒂·勃朗特在其代表作《简·爱》中所说的那样“灵魂在眼睛中有一个解释者——时常是无意的，但却是忠实的解释者。”

有一位心理学家曾经观察过上百次推销员推销商品时顾客的眼睛，她发现，推销员只通过注意顾客的眼神就可以知道这笔生意能否做成。她说：“假如顾客的眼睛向下看，而脸转向旁边，那么这表示推销员被拒绝了。假如顾客注视推销员的眼睛几秒钟，眼睛、嘴角和鼻子的部位带着浅浅的笑意，笑意轻松，而且看起来很热心，那么这个买卖便做成了。”可见，人的眼睛会透露很多秘密。

当别人以斜眼瞥你时，那表示他对你存有怀疑和疑问。当别人从眼镜上方窥视你时，表示他对你所说的某些话语持怀疑、不确定或是拒绝的态度。当别人看到你时，眼睛中表现出一种迷茫或是视而不见时，表明这个人或是精神恍恍惚惚心不在焉，或是对你不感兴趣甚至厌烦。当你对别人说话时，他却视线朝下手扶着头，下巴垂着像在打瞌睡时，这是个明显的不耐烦姿势，此时你最好知趣一点，停止和他的交流。

陌生人之间的目光对视，一般会给人一种唐突无礼的感觉，使人感到厌烦。因为长时间地盯着人的眼睛看，往往带有一种侵略性的意义。

当然，眼神中还会暴露出一些女孩与男人之间的爱慕之情。正如白居易在《长恨歌》中所说的那样“回眸一笑百媚生”。聪明的女孩可以不借用任何语言，单单只用眼睛就可以说出那句让人羞于出口的“我爱你”。一般而言，一个心中深藏着爱的女孩在表达爱的时候，不太会目光直视她的爱人，而会垂下眼皮，脸面羞红，眼睛偷偷地看着别处。如果他爱你，他一定会读懂你眼神背后的秘密。那些情侣间永恒不朽的爱情，往往是从读懂女孩的眼神开始的。

此外，通过眼神的往来，还可以观察出社交中的朋友们的内心。内心坦诚者的眼神中有一种很美的清澈，像一泓清泉，悠然见底。而心存奸险的人则目光不定，眼睛混浊不清。性格豪放的人眼神中有一种光芒，而内心猥琐者则常常目露贼光，对人不敢直视。

其实当你与一个人谈话的时候，还可以从朋友与你目光接触的时间来判断对方对你的态度。据心理学家实验证明，人们视线相互接触的时间，往往会占谈话时间的30%～60%。如果不到30%，则表示这个谈话对象很有可能对你或你所谈起的话题不感兴趣。如果超过60%以上，则表示彼此对对方的兴趣大于他所说的话。这样的情况很少出现，除非是情侣间的含情脉脉的凝目相视或者是两个敌对的人准备打架。

交际点睛：

安斯蒂曾经说过“眼睛是内心的索引。”所以，聪明的女孩，在交际中要学会通过他人的眼睛这个索引，来读懂他人内心中的那一本本又大又厚的书。

从面部表情透视对方的心理活动

在交际中，如果别人向你说一些你完全不同意而又觉得没有必要辩白的问题时，那就微笑着静静倾听吧。

在与人谈话时，有些人往往只用耳朵全神贯注地听，却常常忽视对方的表情。其实，有时候这些小表情却蕴含着大意义，它们能帮你了解朋友的内心世界。因为，当人们的心理活动发生变化的时候，其面部表情也会发生相应的变化。因此,在交际中,女孩可以通过观察他人的面部表情来判断其心理活动的变化,从而把握交际中的分寸。

1. 微笑的含义

微笑的含义有多种,有的代表善意,有的代表鼓励,有的代表赞同。在人际交往中,如果你发现当你说话的时候,你的朋友总是微笑着倾听着你所讲的每一句话,这个时候,最好不要误认为他完全同意你的看法。有些人总是在别人讲话的时候静静地倾听,并一直面带微笑地看着对方,但这并不一定就意味着他们很赞同你的观点,有时候,微笑通常只是用来掩饰其内心真实想法的一种得体的方法。这个时候也许他已经在心中对你所讲的话嗤之以鼻了。所以当你向他人说话而对方总是微笑却不置一词时,就要停下来或是换个话题。相应地,如果在交际中别人向你说一些你完全不同意而又觉得没有必要辩白的问题时,也要学会微笑着静静倾听。这是一个交际小窍门,也是微笑在交际之中所特有的一种含义。

2. 说谎的独特表情

人在说谎之前往往在心中做好了种种盘算,但是他们的表情却总是让他们的谎言不攻自破。

某个"气管炎"晚上和同事出外喝酒,喝多了睡在了外面,一夜没回家。第二天早上回家之前,他就得先在心里想好:"假如我家老婆大人问我昨天晚上干什么去了,我就说我加夜班。假如她要是问我为什么手机总关机,那我就说手机刚好没电了。假如她问我为什么不向老王借一下手机,我就说老王手机丢了……呵呵,这么说准能顺利过关"。但是因为他酒没全醒,恍惚之中,竟然搞错了,把原本关着的手机又给开机了。

不出所料,这个"气管炎"刚刚回到家中就被老婆一通盘问。老婆问他:"你昨天晚上干什么去啦?"虽然在进家门之前,他已经想好要怎么迎接老婆大人的暴风骤雨了,但是终究是自己做错了事,于是他瘪着嘴按照事先想好的办法说道:"我,我昨天晚上加夜班来着。"老婆又问道:"那为什么打你手机总是关着机？我在家里等你等到12点，你知道吗？”“气管炎”摸摸脖子说道：“那个，我手机没电了，自动关机。”老婆看他那样子，很明显是在说瞎话，于是厉声问道：“你昨晚上没去那个临风酒吧喝酒？”

“气管炎”一听慌了神，因为他昨天晚上去的就是临风酒吧，心虚的他在轻轻点头之后马上用力摇头说道：“没有！我昨天晚上绝对没去临风酒吧喝酒！”正在这时，“气管炎”兜里的手机突然响了，她老婆一听脸就变了色，一把抢过他的手机，打开一看，是他同事老王给他发的一条信息：“快点关机，我骗我老婆说，我昨晚上不给她打电话是因为咱俩手机都没电了，一会儿她没准会给你打电话问你！”其实，即使故事中的“气管炎”手机不响，他的老婆也早已经猜出了他在说谎，因为他的表情、语言和动作早已经做了他的叛徒。从哪里看出来的？

(1)他一进门就瘪着嘴，一般犯了错的人才会嘴角向下瘪，这个动作从一开始就暴露了他的内心。

(2)想要否认，但是在板着脸摇头之前的一瞬间却又没有控制住自己的点头动作，这是非常有力的撒谎证据。

(3)如果没有撒谎，那么在否认的时候通常只会说出“有”或者“没有”，而不会像这个“气管炎”一样，一下气喘吁吁地说那么一大串话。

在日常的交际之中，许多人自认为自己编造的谎话已经是滴水不漏了，但是，如果在与他们交际的时候，你有一双能够看穿表情背后心理活动的眼睛，那么，什么样的谎言都会不攻自破。能够暴露人们内心活动的不仅仅是微笑或是谎言。除非经过特殊的训练，否则人在发生心理活动的时候都会伴随着面部表情的各种变化。

例如，回忆时人的眼球会向左下方看；在明明知道事情的真相又不想告诉别人的时候，他会一边大叫着“我怎么会知道？”一边上扬自己的眉毛；如果一个人表现出哀伤神态，但是额头的皮肤却没有任何变化，那么，除非他做过拉皮手术，否则他的哀伤一定是假的。

总之,在交际之中,人们面部的表情不外乎两种,一种是掩藏真相的,一种是真实的。用来掩藏内心的表情给人的感觉往往是假的,只要用心观察,无论他怎样做也依然会发现其中的破绽,而真实的表情则永远真挚自然。

交际点睛:

女孩在交际之中所要做的,就是辨认出那些假的表情背后的真实心理活动。其实,只要用心观察生活,多多关注他人的面部表情,就能总结出一套自己的读心之术。

女孩看穿笑容背后的心情

东方人的笑容是世界上最多意的笑容,因为东方人一向有含蓄的特点,许多不愿做过多表示或评论的事都喜欢用笑容来回答。

曾经有一位心理专家给100名工作中的女性出过这样的一道心理测试题:假如有一天你的一位同事兴高采烈地跑到你的面前向你展示她刚刚买到的一件衣服,问你她的新衣服好不好看。然而这件衣服无论是颜色还是款式都让你感觉很难看,甚至觉得穿这衣服出门简直就是一件很丢脸的事,这个时候你会怎么样回答她?是直接对她说:“千万别穿这衣服上街,太丑了!”还是向她微笑,不置可否?经心理学家调查出现,超过80%的人会选择“向她微笑,不置可否”这个选项。可见,在人际交往中,人的笑容并不仅仅是表示喜欢或者高兴这类简单的意思。其实每一天人们都在不停地送出各种各样的微笑,同时也在接受着意义完全不同的笑容。所以如果有一天,你也像故事中的女同事一样兴高采烈地向他人展示你所喜欢的东西,并且得到你希望得到的笑容时,千万不要盲目地认为,这就是得到了他人的赞美,也许,这只是你的幻觉。其实,随着社会的发展,在当代社会,人与人之间的关系变得越来越复杂,同时,在人际交往中人们的表情也在变得越来越复杂。所以，聪明的女孩要在人际交往中学会看穿人们笑容背后的真实心情。

有位西方心理学家称，东方人的笑容是世界上最多意的笑容，因为东方人一向有含蓄的特点，许多不愿做过多表示或评论的事都喜欢用笑容来回答。

其实作为一名东方人，特别是一个深谙此道的东方女孩，在人际交往之中，完全可以通过认真观察，发现不同的人笑容背后的真实意义。

有一位娱乐记者曾经说过，要想知道一对明星夫妻的感情是否有问题，其实并不难，而且根本不用傻乎乎地直接问他，只要看他最近提到婚姻时的表情就可以了。如果提到婚姻时他做出了比以前更高兴的表情或是话比以前更多，一味地称赞自己的爱人是多么好、多么感情专一，那么此时他们之间的感情多半是出了大问题。

心理学家说，这是一种很普遍的心理现象，当人们心里藏着一些不愿意向他人透露的事时，人们就喜欢用与其相反的表情来加以掩盖。

某人刚刚中了500万元的大奖，心里头别提多高兴了，但是又不敢说出来，他用尽力气掩饰自己的兴奋，故意装作很淡定的样子，生怕别人从他的表情或者眼神中看出什么端倪来。这就是人们常说的“面具”了。有时候为了个人的安全或是其他一些个人原因，人们是需要用这种面具来伪装自己的，而笑容就是一种比较好的“面具”。但是面具有一个最大的特点，那就是眼睛，一般的面具会在眼睛的部位，留下一片空白，等待着戴面具的人用自己的双眼去填补。其实在人们笑容的面具中，聪明的女孩也可以通过眼睛来看穿那些笑容背后的真实心情。

心理学家说，真诚而开心的笑容会在眼角周围产生细小的鱼尾纹，而那些不是发自内心的笑容则没有。关于这一点其实中国的先人早有总结，那就是人们常说的那句俗话“皮笑肉不笑”。除此之外，还有“付之一笑、似笑非笑、莞尔一笑”等，每一种笑容虽然看起来没有什么不同，都是嘴角上扬，面部肌肉紧张，但是，通过那一张张“笑容面具”中透露出来的双眼，人们还是可以在其中找到笑容背后的真实“笑点”。

当然，在交际之中，并不是所有的笑容都是如此的充满心机，还有一种笑容是“咽泪装欢”，没有人情愿如此，但是在很多情况下，“咽泪装欢”的人都有着不得已的理由。聪明的女孩，只有回之一笑。因为揭开他人的伤口，毕竟是一种不礼貌的行为。既然他人愿意以笑容示人，为什么不回之一笑呢？也许你的微笑还能在他人的心中点亮一束光。

交际点睛：

有人曾经说过“笑容这东西，送出时是一个人的笑容，收获时却是两个人的笑容”，没错，笑容就是这么神奇。所以当你看穿他人的笑容时，最好也还之以笑容。其实，没有必要总是抓住一种“社会太复杂”之类的感慨不肯放手，怀着一种理解之心，那些笑容背后的真实心情，便都可以理解了。

手上的小动作透露出说话者的真心

人类进化的第一步就是用两足站立而解放双手，用这双从行走中解放出来的手，人们可以从事细致的手工作业，可以制作出无数精美的物品。同时，手也可以表达人们内心的真实想法。聪明的女孩要从他人不经意的手势中了解其内心中潜藏的心理活动。

许多人在与人交际的时候都会有一些看起来毫无意义的下意识的动作，其实每一个动作都在向人倾诉着其内心的真实想法，正如人们常说的那样，真是“小动作有大秘密”。

1. 交谈之中不要轻视触摸鼻子的小动作

有的人喜欢在与人交谈的时候抬手在鼻子的下沿很快地摩擦几下，不要小看这个看似不经意的小动作，其实暗含着许多的意思，同时也暴露出了其内心的心理活动。

在交际中，如果你发现与你交谈的人总是摸自己的鼻子，那么除非是他鼻子痒，否则很有可能是他在掩饰自己的谎话。根据美国芝加哥的嗅觉与味觉治疗与研究基金会的科学家们研究发现，当人们撒谎时，有一种名为儿茶酚胺的化学物质会从身体中被释放出来，从而引起鼻腔内部的细胞肿胀，导致鼻子感到不适，因此，他们才会不停地摸自己的鼻子。有科学家还揭示出人在撒谎时血压也会随之上升。在血压增强时会导致鼻尖膨胀，从而引发鼻腔的神经末梢传送出刺痒的感觉，这也是人们在说谎时频繁地用手摩擦鼻子的原因之一。据说有一位美国的神经学者曾深入地研究了比尔·克林顿就莱温斯基性丑闻事件向陪审团陈述的证词，他们发现克林顿在说真话时就很少触摸自己的鼻子。但只要克林顿一撒谎，他的眉头就会在谎言出口之前不经意地微微一皱，而且每四分钟触摸一次鼻子，在陈述证词期间触摸鼻子的总数竟然达到26次之多。

人可以编造天衣无缝的谎言，但却无法阻止自己的身体在说谎时所发生的种种细微的变化，一个摸鼻子的小动作就暴露出了人内心之中复杂的心理变化。所以当你在与朋友交谈的时候，如果发现你的朋友总是在摸自己的鼻子，你就要注意了。

不过，有一点也要注意，并非所有摸鼻子的小动作都代表说话者内心剧烈的心理变化，有时候也有可能是因为花粉过敏、感冒所造成的鼻子不适，这还需要聪明的女孩在交际之中自己慢慢去观察与发现。

2. 说话之时抓挠耳朵的手势所透露出的小秘密

人们常说猴子喜欢“抓耳挠腮”，其实有时候人也会抓挠自己的耳朵。

小时候，小孩为了逃避父母的责骂会用两只手堵住自己的耳朵，其实抓挠耳朵的手势是堵耳朵这一肢体语言的成人版本。当人们听到自己不爱听或是听得很厌烦的话时，就会做出抓挠耳朵的小动作。所以，在交际中，当你发现你的听众在听你说话时总是不经意地抓挠自己的耳朵，并且面露不屑，这个时候最好停下自己正在滔滔不绝的讲话，以避免双方的尴尬。除此之外，交谈之中的抓挠耳朵的手势还隐含着焦虑的意思。

据说，查尔斯王子在步入宾客满堂的房间或者经过熙攘的人群时，常常做出抓挠耳朵的手势，但人们从未看到查尔斯王子在相对安全私密的车内做出这些手势。这些手上的小动作往往显示出不喜欢热闹的他在人群中的紧张不安的心理。

许多人在内心感到不安的时候都会做出抓挠耳朵的手势，据说在意大利抓挠耳朵的动作还常常被看做是“女孩气”的表现。在那个国度里，如果一个男人总是抓挠耳朵，还会被人认为有同性恋的可能。

3. 交叉的双臂

也许你有过这样的经历，当你在与你的朋友说话时，有时他们会做出双臂交叉的姿势。一般而言，双臂交叉是人的一种防御性的姿势。如果一个人使另一个人感到不自在，出于自我保护的目的，感到不自在的人会在交谈的时候交叉自己的双臂。因为当一个人感到不安全的时候，他往往会通过这个方法来使自己的肢体占据较少的空间，以使不安的情绪得到缓解。

另外，如果当你向一个朋友说如你对他的意见或建议时，而他却做出双臂抱在胸前的姿势，则表示虽然他不会在口头上对你所说的话做出什么反驳，但是他却并不同意你的看法，因为将双臂抱在胸前的隐含意义是拒绝和撤退。

交际点睛：

其实，只要在与人交际的时候用心观察，你会发现人们的手上还会做出许许多多的小动作，每一种手势背后都有一种隐而不发的心理秘密。这些手势虽然并没有声音，但是却往往暗含着人们内心的真实情绪与心境。所以，女孩要学会解读他人的手势，通过手上的小动作透视他人心里的真实想法。

走姿和坐姿反映出对方的状态

人在行走坐卧时所表现出来的姿态都是由心而起的，所以，聪明的女孩完全可以在社交中通过观察一个人的走姿与坐姿，来猜测出对方的心理状态。

1. 走姿

从"走姿"来观察一个人，中国自古以来就有。观察一个人怎样走路，并从走姿中透视他的内心，这是一种能够帮助女孩更快地明了他人内心的方法，同时还充满趣味性。

经心理学家研究总结，一般说来，走路时步伐急促的人是典型的行动主义者，他们大多精力充沛、精明能干，敢于面对现实生活中的各种挑战，适应能力特别强，尤其是凡事讲求效率，从不拖泥带水等。这样的人的心理状态通常是比较阳光的，而且性格开朗。而走路时步伐平缓的人往往因其慢腾腾的性格，所以无论别人有什么样的急事，他们都不会很急。这类人是典型的现实主义派。他们的心理状态往往是凡事求稳，不急不躁，做事总是三思而后行，不会做出好高骛远的事。另外，除了观察人走路时步伐的快慢以外，还可以通过观察他们走路时的体姿来判断对方的心理状态。如有的人在走路时总是喜欢身体前倾甚至看上去像猫着腰，这类人性格大多比较温柔、内向，其心态一般都是比较谦虚的，能够虚心接受他人的意见和建议。

2. 坐姿

经心理学家研究证明，如果你与一位朋友相约见面，而这位朋友一见面便重重地坐下去，那么此时此刻，他的心情一定是烦躁不安的。这个时候，考虑到对方的心理状态，说话做事一定要注意，不要做一些使对方心情烦躁的事。如果他轻轻地坐在椅子上，那么，对方的心情应该是平和的，此时与其展开讨论应该是一件轻松愉快的事。

如果你与一位朋友见面后，他是侧着身子坐下去的，那么他此时的心态应该很舒畅，他或许觉得没有必要给你留下更好的印象，也许你们是很相熟的朋友，也许在他的心里，与你谈话是一件很自然、很舒服的事。

如果他人在与你说话时，总是把自己的身体尽力地蜷缩在一起，而且将双手用力地夹在大腿中，多半是由于他在心理上对你有一种劣势感与自卑感。与这样的人坐在一起，你要尽量平静从容，不要故意挺直腰板、抬头高昂地坐在他的对面，因为这种坐姿的潜台词往往是你比对方优越，从而会加剧对方的自卑感。

除此之外，有的人在坐着时会做一些小动作，如有的人在坐下去时，总是双腿不断相互碰撞或不断地拍打地板，这样的人多半在内心中藏着一些难以说出口的事，因此他们才会做出这种紧张而且焦躁的小动作；有的人坐着时喜欢跷二郎腿，跷二郎腿往往表示女性对自己的容貌有极大的信心，或者是她想引起他人的更多关注。作为一名女性，在交际之中最好不要跷二郎腿。

交际点睛：

女孩在与他人交际的时候，有时能更快、更准确地看穿别人的心。但是如果你遇到的是一个陌生的人，又该如何做到这一点呢？那就要通过观察对方的走姿与坐姿来判断他的心理状态，这个方式往往能帮助你更容易地看穿对方的心理。

从说话习惯看出一个人的真实性格

每个人说话时的语速、音调等习惯都不相同，借此也可以看出一个人的真实性格。要想做一名聪明的女孩，就要锻炼自己的耳朵，让自己的耳朵比他人的更加敏锐，能在声音中听出说话者的性格。

1. 语速中隐藏的性格秘密

心理学家研究表明，虽然人在不同的环境下会表现出不同的语速，但是通过人在说话时的平均语速，也就是人在说话时语调快慢的习惯，还是可以分析出一个人的真实性格的。例如，有的人说话时语速快得就像打机关枪一样，他们在说话过程中根本就不给其他人插嘴的机会，一般是一口气说到底。这种人性格一般比较外向，而且思维敏捷，应变能力强，口才也会比较好，能说会道，非常善于交际。因此，他们在交际场上往往如鱼得水，总能轻而易举地达到自己的目的。在他们的心里藏不住任何事情，他们想到什么就会说出什么，有时候甚至将自己认为比较可笑的事情讲给大家听。但是这类人性格比较暴躁，容易生气、发怒，遇事武断，有时候也会一意孤行。还有一种人，说话时语速非常平缓，与前者完全不同。他们说话总是不紧不慢，即使有比较紧急的事情，他照样雷打不动地用他那种独有的语速来叙述给别人听。这样的人大多温柔、善良，为人宽厚而仁慈，富有同情心，能够关心和体谅他人。这类人思维细致，善谋划，能够吸取别人的意见，但又不失自己独到的见解。他们思想比较保守，对新鲜的事物有排斥倾向，原则性很强，思维不够敏捷，做事情总是犹犹豫豫，缺乏魄力。但总体来说，这类人在性格上会比较稳重、谦虚，而且也会更加容易交到真心的朋友。

当然，语速与性格也并非总是绝对吻合。因为同样的人在不同的环境与心境之中，其语速也会发生变化。例如，一个平时语速很快的人，在听到你对他的某些错误行为突然发问的时候，他也会支支吾吾地放慢语速，这是因为他明知自己不对，又无从辩驳，所以感到心虚的缘故。而当人感到害羞的时候，也会放慢语速。例如，当一个男孩很认真又很害羞地对他心爱的女孩说“我爱你”时，也会用很慢很慢的语速，这个时候，聪明的女孩子，不要因为其语速很慢就认为其一定是个内向、木讷的人。

其实，通过人的语速来判断一个人的性格，还需通过特定的语境而定，例如，在日常的言谈之中，聪明的女孩，一定可以把握其中的技巧。

2. 音调中隐藏的性格秘密

《红楼梦》中,林黛玉与王熙凤在语调上的差异就是一个非常好的例子。黛玉与王熙凤从体态上来说就有很大的差异,她总是"行动处似弱柳扶风",说起话来更是温情款款,柔声细语。而王熙凤则是不见人影先听笑声,说起话来则更加脆如爆豆。当然,两者会有如此大的区别,也是因为林黛玉才学出众,与大字不识几个的王熙凤完全不同。但总体上来说,她们在音调上的差别还是由于性格的不同造成的。王熙凤性格泼辣开朗,敢说敢干,年轻有为;而黛玉则处处带着一份寄人篱下的悲伤,非常自卑。

古人云:"心气之征,则声变是也。"这句话的大意是说,人所发出的声音是随着心的变化而变化的,所以不同性格的人在说话的时候会有不同的音调。一般来讲,说话时音调低声和气的人往往胸襟比较开阔,而且内心比较温柔和善、通情达理,这种人性格比较温和平静,正如他们说话时的语调一样。而说话音调尖锐高声的人,则通常对人会比较犀利、苛刻,这种人一般不太会考虑他人的感受。在与他们交谈时,一旦被其抓住语言上的漏洞,就会遭到不留情面的攻击,让人感到无话可说。这种人往往会比较追求完美,任何事都容不得有一点点的瑕疵,无论是自己的事还是其他人的事。

交际点睛:

《礼记·乐礼》中说"凡音之起,由人心生也"。一个人说话时不经意之间所表露出来的语言习惯都与其根深蒂固的性格有关,所以在日常的交际之中,要认真倾听,锻炼自己的耳朵。聪明的女孩,一定可以听出那千千万万种语言习惯背后的真实性格。

从说话方式洞悉他人心理

说话是人表达内心思想的一种表现,汉代的扬雄在《法言·问神》就曾经说过："故言，心声也；书，心画也。"这也就是人们常说的"言为心声"的意思。所以，在交际之中，如果你想要洞悉一个人的内心，可从观察他说话的内容入手，这是个不错的方法。一般而言，人们只会说自己所关注的事情，心之所向，情之所系，这也正是其语言是其内心世界的真正体现的原因了。

通常情况下，人们说话的内容大体可以分为以下几类。

1. 说话内容总是围绕着自己

在日常的社交中，如果你认真观察就会发现，有一些人，在你与他们交流的时候，他们所说的内容永远是围绕着自己的生活、自己的内心感受来说的，而不太会去在乎听他说话的人的感受。

这样的人在性格上一般会比较外向，主观意识也比较浓，同时也总是以自我为中心。他们的优点是非常坦率，他们之所以总是喜欢将自己表露出来，是因为其内心深处有一种渴望，渴望他人能够更多地关注自己、了解自己，从而使自己与他人的距离更加亲近。

2. 对自己的事绝口不提，顾左右而言他

这是与第一类完全不同的谈话类型，这样的人往往对与自己有关的事非常敏感，他们不愿意将与自己有关的事情让其他人知道，他们往往性格很内向。其中一部分人是出于自卑心理，不愿意让他人知道自己的事情，所以总是给人一种比较含蓄的印象。但也有一部分人是因为内心之中的城府很深，担心太过暴露自己会给自己带来不利。所以，在社交之中，当你遇到了一个在谈话之中总是对自己的事绝口不提的人，不要盲目地认为其是出于自卑的心态，对方也有可能是出于自我保护或是心有城府，所以在与这类人交流的时候，要加一点点小心。

3. 谈话内容总是离不开牢骚

鲁迅在《祝福》中描写的祥林嫂就是一个满口牢骚的人。每个人在生活中都会遇到各种不幸、不愉快，如果一个人张口闭口总是向他人倾诉着自己所遇到的不幸，说明这个人内心深处有一种懦弱与软弱的特点，在性格上总是犹豫不决。当然这也可能是因为他们有追求完美的特点，但是却总是没有实现完美的能力，所以其内心之中便总是深藏着一种对事物的不满与抱怨。在社交中，如果遇到了这样的人，最好的方式就是倾听，因为对他们来说，找个人倾听他们的牢骚才是他们真正的需要。

4. 说话内容总是围绕着评价他人的是非

俗语说“静坐常思己过，闲谈莫论人非”，但是喜欢将评论他人是非作为自己的说话内容的还大有人在，他们往往喜欢与自己的说话对象滔滔不绝地对他人品头论足，对待这样的人要格外小心。因为，这种人在内心之中往往以搬弄是非为生活中的小乐趣，也许有一天他们也会在他人背后谈论你的是非。所以当他们对你说起他人的事时，最好悄悄走开；如果走不开，那么就微笑着对他的谈话不置可否。

交际点睛：

人们常说“人心如海，难以测量”，其实要洞悉人的内心并不难，只要认真地倾听他们说话的主要内容，你便可以在其中找到他人真实内心的蛛丝马迹。所以，善于交际的女孩，要学会从他人说话的内容中洞悉他人内心的真实想法。

从穿衣打扮掌握对方的喜好

美国心理学家彼得·罗福博士认为“从一个人对服装和服饰的偏好上面，往往可以推测其心理，而这一点在女士身上更为明显。”所以，在交际中，女孩可以通过一个人的穿衣打扮来看出这个人的喜好并读懂他或她的心。

1. 中性服装的女孩喜欢在工作中体现出自己的干练

在职场中，许多女孩喜欢穿中性化的西装，这样的选择表现出其对待工作充满热情，而且上进心很强，有竞争的意识，这样的女孩往往会把自己最干练的一面展现给与她一起工作的领导和同事。而她最大的喜好就是在工作中体现自己的社会价值，并且通过自己的努力不断地取得成功。这类女孩是一种事业型的女孩。

2. 不穿西装的男人喜欢从容自在的生活状态

近年来，女孩的着装发生变化的同时，男人的着装也发生了翻天覆地的变化。最引人注目的就是那些呆板的西装渐渐变得五颜六色，真可谓是“越穿越艳丽”。不但出现了奔放、热烈的大红、大紫、枣红、铁锈红等鲜艳色彩，甚至出现了橙黄、草绿等颜色，大大打破了传统的黑、灰、蓝等色彩。除此之外，更有一大批男性，甚至干脆脱去了西装，改穿简约、舒适、随和的T恤衫。

这充分体现了他们敢于打破传统束缚、喜欢从容自在的生活的特点。比扔掉西装的男人更加随性的还有喜欢穿肥大宽松的衣裤的男人，这类男人在从容自在之外，更有一种随性而又信手拈来的幽默。肥大宽松中带着一种男人特有的洒脱、明快和豁达，这种造型与人们平日刻板拘谨的服装有鲜明的区别，都市感特别浓，不十分高贵，但却给人一种大众化与幽默感。这样的男人往往喜欢和谐自在的交流空间，不喜欢与性格拘谨小心的女孩交往，所以和他们交际时，要表现出女孩活泼可爱的一面，这样你与他们的交谈会变得快乐而又轻松。另外，在服装上，人们除了对特定款式的偏爱以外，还有颜色上的选择。不同的着装颜色也可以体现出一个人特有的喜好。

丽丽是一家国际著名服装品牌的专柜销售员，通过多年的工作积累，她充分地了解了不同的人对服装颜色的偏好，以及隐藏在那些颜色背后的人们各不相同的喜好。

一天该公司一个负责华北地区销售工作的总经理微服私访，来到了她的专柜前，丽丽的表现让这位总经理感到非常吃惊。因为，他发现丽丽竟然在见到他不到三分钟的时间内就为他选出了一件非常适合他的衣服。事实上，丽丽为他选的那件衬衫正是他太太上个星期刚刚为他挑选的那一件。

“是什么使你在如此短的时间之内就选出了整个店里最适合我的那件

衣服?”总经理好奇地问道。

“这是女孩的直觉!”丽丽很神秘地笑着说。

当总经理说出了自己的真实身份后,丽丽才不好意思地说出事情的真实原因。原来丽丽常常在顾客进门后就开始悄悄地通过与他们的沟通来观察他们。她说:“通常情况下,喜欢鲜艳色调的,一般都或开朗、健康,或热烈奔放,这类人眼神中有一种特有的光芒,因此往往喜欢直截了当的交流方式。而喜欢穿白色的人,往往给人一种高贵、纯洁的感觉,但同时他们的潜意识里也会带有一些冷漠,所以他们通常会喜欢略有距离的交流。所以和他们说话的时候要掌握好分寸,不能太近。”

“那么你是怎么看出我来的呢?”总经理笑着问道。“因为我发现您身上虽然穿着传统色的西装,但是在里面却穿了一件颜色亮丽的衬衫,所以我为您挑选了颜色最鲜艳的一件衬衫,因为我猜想您一定是一位性格开朗、胸襟宽广的人。”总经理听了丽丽的话非常开心。

交际点睛:

显然,丽丽是一位聪明的销售员。其实,只要你细心观察他人的着装,就会发现每一个人都在自己的衣服上展示着自己的喜好与特色。古人云“闻香识女孩”,其实,女孩也可以“观衣识人心”。

通过办公桌摆设看穿人心

不同的人会有不同的性格特点,如同事们虽然同处一室工作,并且坐在几乎完全相同的办公桌边,但是各自的办公桌上却景象完全不同。聪明的女孩,从这一张小小的办公桌上,也可以看到不同的人的内心。

1. 纤尘不染的桌面与内心

在办公室中,人们常常会发现有些办公桌上总是收拾得整洁干净,不但桌面上纤尘不染，而且每一样物品都码放得井然有序。这样的办公桌的主人，往往非常注重秩序，做事情喜欢脚踏实地，给人一种可靠可信的感觉。

但是这样的人也有他的性格缺点，那就是斤斤计较。对自己过分严格的人，往往也会把这种严格强硬地施加给他人。在与其交往中，他们往往只会看到他人的缺点，却不容易看到他人的努力与进步，以至于经常错误地批评他人。因此，在与这类人交往的时候，就要在细微之处注意自己，不要让他们觉得你是一个工作不认真的人。

2. 杂乱无章背后的秘密

杂乱无章的办公桌给人的感觉往往是忙乱，借此，人们很容易地便会想到这张桌子的主人在工作中疲于应对的场面，以及那张偶然抬起的愁苦不堪的脸。见到他们时，人们往往会很不忍心地说上一句："注意身体，不要太累了。"

据调查显示："一个办公桌不整洁的工作人员每年要花费至少六星期的时间，在混乱的工作环境、乱放的文件中找寻有关资料，而事实上这样的浪费完全是可以避免的。"面对这样的办公桌，许多领导也只能远远地站在一旁摇摇头走开，因为没有哪个公司规定自己的员工必须得有一张干净整洁的办公桌。

张燕燕有一张全公司出了名的杂乱办公桌，每位领导见了她的办公桌都不免要摇头叹息。有一回总经理还就此事专门找她谈过话。但是谈话之后没有干净几天，她的桌子便又恢复到原状。但是不久之后大家就发现了她的杂乱之外的一个特点，那就是她很会处理一些公司中的小麻烦。一天，总经理的一份重要文件不慎丢失了，全公司的人都急得团团转，每个人都在帮助总经理找这份文件，但是张燕燕却不管不问，继续忙着自己手头上的工作。总经理看到她后，便命令她也来加入找文件的大军。让大家意想不到的是，张燕燕一出手便很轻松地在一大堆旧文件中找到了总经理弄丢的那份文件。原来，虽然张燕燕平时办公桌总是密密麻麻地摆满了东西，但是她却很善于找东西。之前大家一直对她感到很奇怪,因为她的办公桌让人连续看一分钟头都会感觉到头痛,但是她竟然能够一天八个小时在里面安安稳稳地坐住,实在是异于常人。看来她的这种善于找东西的特长就是在这个杂乱的办公桌前锻炼出来的。所以,在交际之中,当你看到一张乱七八糟的办公桌时,先不要急着摇头,因为,杂乱的背后也许隐藏着一颗敏锐而又善良的心。

3. 显示个性的办公桌

特别干净或极端邋遢的办公桌毕竟还是少数,大部分人的办公桌还是不那么引人注意的。但是在这份平庸之中,很多人也有着自己独特的小点缀。例如,往自己的办公桌上放一些自己喜欢的小东西。有的人喜欢在自己的办公桌上放置一些花花草草,有的人则喜欢在桌子上放一些与家人的合影,还有的人喜欢放一些自己过去得到的奖杯,其实每一种类似的小摆设都在显示着这张办公桌主人的个性。

心理学家分析说,喜欢往自己的办公桌上放几棵植物的人,一般性格方面都比较冷静、稳重,并且在工作中愿意主动去承担一些责任。喜欢在桌面上摆放家庭照片的人,通常在性格上表现得比较脆弱,不会轻易与人发生争吵;他们往往能为集体做出许多贡献,比如记住每个人的生日,主动帮助大家解决一些工作上的小困难。这类人通常喜欢把公司视为自己的家庭,并且希望这个家庭中的每一个人都过得很幸福、很快乐。故意把自己过去得到的奖杯摆放在引人注意之处的人,往往喜欢把自己的办公桌变成一个“战利品”展示台,上面的每一个奖杯都是能够使他引以为豪的凭证。这样的人通常性格活泼、精力充沛、充满野心。他们往往对于任何自己想要的东西,都会直接去争取,且表现欲非常强。不过,从另一个角度也证明了他们不够自信,而且对目前所处的位置感觉不牢固,于是通过这些业绩来证明自己的能力,来增强自信心。

交际点睛:

办公桌的摆设能够直接反映出一个人的内心状态,所以只要你是一个善于观察生活的人,你就会发现,其实把握他人心理并不是件难事。唯一难的就是你能不能低下头,认真看一看身边人在生活与工作中表现出来的那些小细节。

第8章

女孩懂点心理，交际中巧妙引导他人

与他人交往，只作表面上的文章远远不够，如果能够准确及时地把握对方的心理，那么你办起事情来，就轻松容易多了。由此可见，女孩想要获得交际的成功，还应该掌握一些心理学方面的知识，有效地利用心理效应，诱导对方的心理，实现社交活动的成功。

第一次见面留下好印象——首因效应

一个人的外表就像是商品的外包装一样，人们在挑选东西的时候，第一眼总是会先注意到那些包装漂亮的商品。

有这样一个故事：一个新闻系的毕业生正急于寻找工作，一天，他到某报社对总编说："请问你们这里需要编辑吗？""不需要！""那么记者呢？""不需要！""那么排字工人、校对呢？""不，我们这里现在没有什么空缺。""那么，你们现在一定需要这个东西。"说着他从自己的公文包中拿出一块精致的小牌子，上面写着"额满，暂不雇用"。总编看了看牌子，看了看眼前这个机灵的小伙子，微笑着点点头，说："如果你愿意，可以到我们广告部工作。"

故事中的大学生通过一块自己制作的牌子，把自己的机智和乐观准确地表达出来，给总编留下了很好的"第一印象"，从而让总编对他产生了极大的兴趣，并得到了总编的认可，最终为自己赢得了一份满意的工作。由此可见，人际交往中，如果能够给他人留下一个良好的第一印象，在一定程度上，可以提高自己的社交活动的成功率。

在心理学上，把这种现象定义为首因效应。首因效应也叫首次效应、优先效应或"第一印象"效应。它是指当人们第一次与某物或某人相接触时会留下深刻印象，个体在社会认知过程中，通过"第一印象"最先输入的信息对客体以后的认知起决定性作用。因此，年轻女孩们，要想顺利地完成社交活动，可以从第一印象入手，把握首因效应，为以后的人际交往打下良好的基础。

那么，年轻女孩与他人交往时，如何有效地利用首因效应呢？

1. 良好的仪容仪表

一个人的外表就像是商品的外包装一样，人们在挑选东西的时候，第一眼总是会先注意到那些包装漂亮的商品。在社交场上，整洁的仪容仪表更能获得他人的认可。因此，女孩想要向他人证明自己的能力，就要注意修饰自己的仪容仪表。这就要求你对自己进行包装。首先，给自己化一个精致的妆容，让自己看上去年轻，有活力。其次，选择得体悦人的穿着，给他人带来视觉上的享受。这样既可以展现自己的魅力，使自己充满自信，同样还可以体现出自己对对方的尊重之情，也一定可以给他人留下良好的第一印象，有利于社交活动的完成。

2. 温和的表情

人际交往中，能够打动人心的，除了仪表，就是人的面部表情。现代社会中，生活节奏加快，人与人之间的关系变得冷漠，若要在第一印象中给人好感，笑容就是你的特别武器。在社交场上，一个面带笑容的人和一个整天板着脸的人相比，肯定前者更受欢迎。真诚的微笑能够体现出一个人的宽容，也可以反映出一个人的修养。在社交场上，微笑的面容既容易被他人接受，又能为自己赢得口碑和潜在的机遇。如果你还在为如何给他人留下好形象而苦恼的话，那就试着对人微笑吧！

一家企业正在面向社会招聘员工，许多年轻人前去应聘。这些应聘者中，有些人的学历很高，但结果却出人意料。他们最后都败给了一个只有中专学历的女孩。这个女孩看起来相貌平平，工作经历也很简单，并且只有中专文凭，挺普通的一个人，但是最终却被公司录用了。于是，有人不服气地向人事部经理质问："请问贵公司录用人的时候以什么为标准啊？我真看不出来她哪点比我强。"人事部经理看了看对方，用平静的语气说道："一个女孩能够经常发出友善的微笑，足见她是一个淳朴、宽容、善良的人，那么她即使文化程度低一些，我们也愿意聘用。一个硕士生或者博士生，如果老是板着一副面孔，他就是免费来这里工作，我们也不要。"上例中的女孩，正是利用自己的微笑赢得了对方的信任，为自己争取到了工作机会。可见，微笑在人际交往中有着举足轻重的作用。因此，女孩要学会微笑，并时时向他人展现自己的笑容，为自己的社交活动的完成奠定基础。

3. 优雅的谈吐与举止

人际交往中，除了良好的仪表和温和的面部表情外，女孩还要时刻注意自己的谈吐和举止。在社交场上，女孩拥有端庄的举止、优美的仪态、高雅的气质，将有助于事业的成功。与他人交往时，女孩如果言辞幽默，举止优雅，定会给人留下难以忘怀的印象。如果举止粗俗，只能给他人留下不好的印象，从而影响到社交活动的进行。首因效应在人际交往中起着很大的作用，如果能够有效地运用首因效应，就可以为以后的社交活动奠定良好的基础。

交际点睛：

女性朋友们，想要获得社交活动的成功，就要尽可能多地向他人展现自己的优点，给他人留下美好的印象，以有利于社交活动的顺利完成。

让别人把你当作自己人——亲和效应

恰到好处的赞美，可以使自己获得对方的认可与喜欢，迅速拉近双方之间的距离，非常有利于社交活动的完成。

所谓的“亲和效应”是指人们在交际应酬中，往往会因为彼此间存在着某种共同之处或近似之处，更加容易接近，更容易发现和确认对方值得自己肯定和引起自己好感的事实。这种效应使得相互交往的双方在认知的深度、广度、动机、效果上，都会超过非自己人之间的交往与认知。因此，年轻女孩如果能在社交活动中积极创造条件，让别人把你当作自己人，这样一来，获得社交活动的成功，便是水到渠成的事了。

李丽是一家保险公司的产品推销员，她性格活泼，很健谈，她的业绩总是公司里第一名。一次，她打算把新出的一款产品推销给某某公司的老板。当她登门拜访时，老板恰好外出了，要过一段时间才能回来。于是，老板的夫人接待了她。一开始,她并没有开门见山地说明自己的来意。在闲聊中,她得知老板夫妇是湖南人,于是她便说明自己也是湖南人。这样一来,原本客气的两个人,一下子就亲热起来,仿佛有聊不完的话题。最后,老板的夫人竟执意挽留她在自己家吃饭。李丽看时机已成熟,便把话题转移到自己的工作上,谈及工作上遇到的很多难题。老板的夫人顿时起了恻隐之心,答应自己先购买她的产品,并承诺帮她问一下自己的好姐妹们。最后的结果出乎李丽的意料,不但老板的全家购买了这个品种的保险,而且老板夫人的好姐妹也都买了好多。

中国人的地域观念很强,尤其是同样在外漂泊的人,更加珍惜那种老乡之情。李丽的成功,正是巧妙地借助了共同的出生地,和老板的夫人成为"自己人",最终成功地达到了自己的目的。由此可见,如果能够巧妙地利用好共同点,让别人把你当成"自己人",会更有利于社交活动的完成。

那么,在社交场上,年轻女孩应该如何做呢?

1. 努力寻找双方的共同点

所谓"自己人",大体上是指那些与自己存在着某些共同之处的人。这种共同之处,可以体现在出生在同一个地方,毕业于同一个学校,在同一个单位上班,也可以表现在有着共同的爱好、兴趣、志向等。因此,与他人交往时,要从多个方面寻找共同之处,要多挖掘与对方的兴趣、爱好等方面共同的话题,争取把双方的共同点扩大化,这样双方交谈起来才会兴致勃勃,谈话才能更加持久深入,从而有利于社交活动的顺利进行。

2. 说话时,多用一些"咱们"之类的词

与他人交往中,找到了共同点以后,要多强调那个共同点。表述的时候要多用到"咱们"之类的词语,这样就可以加强双方之间的感情,听起来更亲切。同时,你的恰到好处的赞美,也可以使自己获得对方的认可与喜欢,迅速拉近双方之间的距离,非常有利于社交活动的完成。

美国作家赛珍珠"二战"期间,曾发表过对中国人民的广播演讲,这篇演讲曾深深地打动了中国人的心。演讲中她是这么说的:"我今天说话并不是完全以一个美国人的身份,而是以两种身份说话。我不仅是一个美国人,我更是一个中国人。因为我一生的大半部分时间,都待在中国。我刚生下来3个月,就被父母带去中国。当我开口说话的时候,我最先说的是中国话。在中国的十多年里,我们到过中国的浙江、江苏、江西、湖南、安徽、山东各省的小城市、小村庄,清浦、镇江、丹阳、岳州、蚌埠、徐州、南州……这些地方。至今我最爱的,仍是中国的农田乡村。后来我逐渐长大了,又在南京生活了17年。无论我住在什么地方,我与中国人永远亲如一家。因为在我很小的时候,我就和中国孩子一起玩耍;长大以后,我又与中国的朋友们来往。现在,我人虽已回到美国,但我却不曾忘掉我旧日的中国朋友。我既在中国成长,又在美国生活,接受了两种文化的教育,所以我觉得我是属于两个国家的。"在赛珍珠的发言中,一再提及中国及中国人都很熟悉的地名,让那些听众,仿佛也曾经和她一起经历过那些事情。无形之中,国籍的界线模糊了,一种亲切感油然而生,瞬间拉近了她与中国人民之间的距离。正是由于这些共同的词语,唤醒了中国人民对她的认同与接受。

3. 与他人交往中,适当地分享自己的"隐私"

在人际交往中,很多女孩最忌讳的就是暴露自己的隐私,其实,如果你能够反其道而行之,适当地把自己的私事拿出来和他人一起讨论,会让对方觉得你把他当成了最亲密的好朋友,因而大受感动,从而把你当成"自己人",这样一来,处理问题时就会更加容易。

交际点睛:

在人际交往中,女孩如果能够巧妙地利用"亲和效应",就可以和周围的人相处得很融洽,建立良好的人际关系。

让别人先看到你的优点——晕轮效应

女孩想要在社交活动中得到他人的认可，达到目的，除了巧妙地利用首因效应和亲和效应外，还应该熟练地掌握晕轮效应。

“晕轮效应”也被称为光环效应，它是指在观察判断和评价某一行为主体的时候，由于该主体的某一方面特征或品质从观察者的角度来看非常突出，以此掩盖了观察者对该主体的其他特征或品质的认识，而被突出的这一方面演绎、扩张开来形成晕轮的作用。晕轮效应促使人们对认知对象被标明是“好”的，他就会被“好”的光圈笼罩着，并被赋予一切好的品质；如果认知对象被标明是“坏”的，他就会被“坏”的光圈笼罩着，他所有的品质都会被认为是坏的。

《韩非子·说难篇》中，记载了这样一个发人深省的典故。在春秋时代，卫国有一个美男子叫弥子瑕，后来，他成为卫灵公的亲信大臣，并深得卫灵公的宠幸。有两件事能够反映出卫灵公对他宠爱的程度。

其一是“私车门”事件。有一次，弥子瑕的母亲生病了，弥子瑕情急之下假传君令，让车夫驾着卫灵公的马车送他回家探望自己的母亲。按照当时卫国的法律规定，私乘君王座驾者应受断足之刑。可卫灵公得知此事后，不但没有加罪于弥子瑕，反而称赞：“弥子瑕竟然冒着断足之刑的危险，执意去看望母亲，真是难得的孝子啊”。

其二是“余桃门”事件。有一次，两人一起在桃园，弥子瑕随手从树上摘下一只桃子大口吃起来。他吃到一半的时候觉得好吃，便随手把剩下的一半递给了卫灵公吃。卫灵公接过桃子不假思索地吃了起来，还得意地说：“你能忍受好吃的诱惑，把它分享给我，可见你对我的尊重之情呀”。

有效地运用晕轮效应，可以建立良好的人际关系，有利于社交活动的完成。在人际交往中，想要成功地利用晕轮效应，应从以下几方面做起。

1. 与他人交往时,强化自己的第一印象

想要在社交场上,给他人一种好的感觉,年轻女孩首先得从仪表入手。打造出自己完美的形象,利用自己良好的仪表,来吸引他人的注意力,给他人留下一个好的印象。这里的完美形象包括精致的妆容、得体的穿着、优雅的谈吐和良好的仪态。这些是取得成功的第一步,也是很关键的一步。

2. 在社交场上,展现自己的优点

想要取得社交的成功,光靠仪表是不够的。年轻女孩还要具备相应的内在美。这里的内在美包括:幽默、善良、健谈、坚韧等,这些能够反映你内在品质的东西,更能为你完美的形象增加分数。年轻女孩,与他人交往的时候,可以把自己细心、善良、温柔的一面向对方表达出来,这些内在美和良好的仪表加在一起,一定可以打动他人的心,加强正面的晕轮效应。

交际点睛:

在社交场上,如果女孩能够有效地利用晕轮效应,就可以与周围人建立良好的人际关系,并出色地完成社交活动。

把自己的思想悄悄地灌输给对方——暗示效应

有一年夏天,曹操率领部队讨伐张绣,天气热得出奇,部队在弯弯曲曲的山道上行走,到了中午时分,士兵的衣服都湿透了,行军的速度也慢下来,有几个体弱的士兵竟晕倒在路边。

眼看行军的速度越来越慢,曹操担心贻误战机,心里很着急,脑筋一转,他想到一个好办法。他快速赶到队伍前面,用马鞭指着前方说:“士兵们,前面有一大片梅林,那里的梅子又大又好吃,我们绕过这个山丘就到梅林了!”士兵们一听,仿佛已经到了梅林,并已经吃到嘴里,精神大振,步伐不由得加快了许多。

在这个典故里，曹操正是利用了心理暗示的办法，让士兵们战胜了当前的环境，最终达到目的。心理学中，这种在无对抗条件下，用含蓄、抽象、诱导的方法对人们的心理和行为产生影响，从而使人们按照一定的方式去行动或接受一定的意见，使其思想、行为与暗示者的期望相符合，这种现象称为“暗示效应”。

现实生活中，其实人们经常使用暗示，或暗示别人，或接受别人的暗示，或进行自我暗示。暗示效应是社会生活中极为常见的一种心理现象。如果年轻女孩在社交场上能够巧妙地利用暗示效应，把自己的思想悄悄地灌输给对方，一定能促进你们的交往。

孙倩是某保健饮料的直销人员。一次偶然的机会，她认识了王敏，并得知王敏的父母身体都不太好，父亲有高血脂，母亲有高血压。王敏很关注父母的健康，经常购买保健品。当孙倩向王敏介绍保健饮料的一些功能和特点时，王敏委婉地拒绝了。但她并没有灰心，接着说道：“听说您的母亲就要过70岁大寿了，人生七十古来稀，不过以您母亲目前的身体状况，就是再活30年也没问题呀！”谈到父母的话题，王敏慨叹道：“哎，人老了，即使保养得再好，也会出点小毛病。”于是孙倩就建议让他们经常做些有益的活动。听了孙倩的话，王敏感叹父母年岁已高，稍微运动就觉得累，也害怕他们万一外出发生什么问题。

听到这里，孙倩马上告诉她，自己的产品正好可以帮她解决这个难题，并且说明了服用这种保健饮料的好处。孙倩看到王敏犹豫不决的表情，便接着说道：“我们这种产品的销量很好，现在只剩下3箱了，如果您现在不买的话，到时候想买只能等香港公司总部发货过来。如果那样的话，您一定会感到遗憾的。”听了她的话后，王敏即刻决定要购买这些保健饮料。

孙倩正是利用心理暗示的作用，先是告诉王敏这种产品对她父母很有帮助，同时暗示产品销售很快，如果现在不买的话，有可能赶不及她母亲的70岁大寿，最终达到了自己的目的。

日常生活中，暗示的途径有很多，如语言暗示、行为暗示、表情暗示、符号暗示、情境暗示、信誉暗示等。比如，面试当中，面试人员问应聘者有什么要求时，对方做出回答后，有经验的人事工作者一般会说："我们认为你的要求很合理，只要你能够努力工作的话，一定会实现的" 等，从语言方面对面试者进行暗示，努力工作才能得到相应的报酬。又如，商家通过不定时的降价，引来更多的顾客前来购买，给人一种心理暗示，如果再不买的话，下次机会就不知要等到何时了。

交际点睛：

无论运用哪种暗示，其最终目的是让对方按照你的思想和方式处理问题，从而顺利地完成社交活动。暗示效应在人际交往中有着重要的作用，女孩想要获得社交活动的成功，不妨把暗示效应合理地运用到社交活动中去，一定会得到意想不到的惊喜。

改变自己在别人心中的坏印象——近因效应

在人际交往中，首因效应可以帮助女孩在社交活动中，给他人留下良好的第一印象，有助于社交活动的顺利进行。但是，如果有人认为有了好的印象，从此以后就可以无所顾忌的话，那就大错特错了。心理学的研究表明，与他人交往中，交往的初期，即在延续期，双方还处于生疏的阶段，首因效应的影响很重要；但是在交往的后期，也就是在双方已经相当熟悉的情况下，近因效应的影响也同样重要。

所谓近因效应，是指在对事物认知或形成总体印象的过程中，新近获得的信息比原来获得的信息影响更大的现象。在人际交往中，近因效应所形成的印象应该是"最后印象"，在相互熟悉的情况下，"最后印象"往往是最能表现人与人之间的关系状态的。因此，女性朋友们，与他人交往中，想要保持良好的人际关系，要注意维护在他人心目中的“最后印象”。

事物都具有两面性，既然在人与人的交往中，近因效应可以替代先前留下的印象，那么，如果能巧妙地运用近因效应，也可以改变自己在他人心目中的坏印象，重新为自己树立新的形象，这同样有利于社交活动的完成。某太阳能企业招聘总经理助理，许多人前去面试。经过初步的面试后，最后只剩下几位各方面条件都比较优秀的人。公司安排过几天进行复试，由总经理亲自主持。复试那天，赵勇做好了充分准备，本打算好好发挥一下，谁想半路上遭遇堵车，等他到达目的地的时候，面试已经开始了。看着复试的人一个个精神抖擞的样子，再看看自己，由于刚才的奔跑，现在正气喘吁吁，满脸通红，头发也被吹得乱糟糟的，他有点灰心了。没过多长时间，就轮到他了，他径直走进了办公室。王总抬头看了一眼赵勇，眉头稍微皱了一下，满脸疑惑地问道：“你是研究生毕业？”赵勇给人的第一印象，让王总对他的学历都起了怀疑。他有些尴尬地点头说：“是的。”心存疑虑的王总又提出了几个专业性很强的问题，对王总提出的问题，赵勇有条有理地做了详细解答，说得头头是道。最终，等到他回答完毕，王总出人意料地当场宣布录用他。

后来，赵勇的表现很是让王总满意，有一次出差的路上，当王总向赵勇说：“想起当初面试你时，你差一点就被淘汰了。当我看到你的第一眼，你哪里像个研究生？不过正是你后面的表现，让我对你有了不同的看法，才决定录用你。”听了这些，赵勇感激地点了点头，他觉得正是近因效应帮了自己的忙。

在这个案例中，赵勇给对方留下了不好的第一印象。但是在接下来的面试中，他静下心来，认真细致地回答对方提出的问题，把自己真实的能力展现出来，又给对方留下了良好的印象，让对方最终决定录用他。所以，在人际交往中，如果你给他人留下了不好的第一印象，也不用害怕，你可以尝试运用近因效应，改变先前的不好印象，重新给对方留下美好的印象。

那么，在社交场上，如何有效地运用近因效应呢？

1. 维护好自己的好形象

给他人留下良好的形象不难，难就难在如何保持他人心目中的良好形象。因此，无论是处于社交初期，还是延续期，女孩都要注意自己的一言一行。要做到仪容优美，举止优雅，谈吐不俗。女孩不能因为已经给他人留下的好印象，就毫无顾忌，想要获得交际的成功，要继续保持良好的形象，甚至要比以前做得更好。

2. 改变自己的形象

与他人交往中，女孩一旦不小心给他人留下不好的形象，在接下来的交往中，就要尽可能多地展示你的优点。让对方更多地看到你的优点，从而在对方心目中重新树立起良好的形象，获得对方的认可。

3. 拓宽自己的知识面，提高自身的能力

在人际交往中，女孩想要树立良好的形象，单单依靠外在形象，还不能解决问题，而更应该注重自己的实力。女孩要在日常生活中，拓宽自己的知识面，通过展示自己的能力，让对方发现你的优点，从而取得交际的成功。

交际点睛：

在人际交往中，女孩如果能够准确地掌握好近因效应，扬长避短，就能更好地使社交活动顺利进行。

大方地把优越感让给他人

李康《命运论》曰："木秀于林，风必摧之；堆出于岸，流必湍之；行高于人，众必非之"。人与人交往中，嫉妒心理不可避免。无论是强者还是弱者，都有超越别人获得心理优越感的需求。女孩如果能够把握时机，适时地把优越感让给他人，学会适当地向他人示弱，就可以令弱者从中获得慰藉、平衡，有效地减少他人的嫉妒心理，从而建立良好的人际关系。

在与人交往中,如果你只顾自己高兴,忽略了他人的感受,就可能会伤害他人的自尊,破坏对方的心理平衡,从而引起他人的嫉妒心理,人为地增加事业发展的阻力,甚至会经受来自某些人的打击、报复、刁难和指责。

因此,社交活动中,适当地示弱,可以有效地博得他人的同情与帮助,有助于社交活动的完成。

苏静和李雪刚开始是一家大公司的普通员工。两人关系特别亲密,几乎无话不谈。在别人看来,她们就像亲姐妹一样。可是后来,苏静因为表现好,荣升为公司的高级雇员。本来是挺高兴的一件事,却让苏静感到很郁闷。因为自从她升职后,她和李雪之间好像没有以前那么亲密了,甚至,她明显感到李雪在有意疏远她。

刚接手新的工作,本以为大家会像以前那样,共同合作,可谁承想现在别人都不愿意配合自己的工作,甚至还有人落井下石。最近还听到背后有人对她议论纷纷,刚开始的时候,只是借一些穿着打扮来讽刺她。可是不久之后,这种讽刺升级为谣言和诋毁,说她要不是和某某人有什么不正当的关系,就凭她,怎么可能被提拔。听到这些后,她觉得委屈和难过,自己走到今天这一步,那是经过自己的辛苦劳动换来的,平时大家都不愿意干的活儿,都是她来做,每天第一个来,最后一个走。到头来连李雪也和自己疏远了,她不明白自己到底做错了什么,也不知道该怎么做。她最后不得不离开这个公司,去别的地方发展。

现实生活中,有些人有一种"我和她一样,凭什么她就可以超过我,我就是不配合,看她怎么办"的心态。在以上案例中,苏静正是因为超过了平起平坐的姐妹,引起身边姐妹的嫉妒,从而给自己的社交活动带来阻碍。在与他人交往中,这样的事例很多。其实,女孩如果能够巧妙地淡化自身的优势,把优越感让给对方的话,就可以有效地减少别人的嫉妒,为自己的社交活动理清障碍,建立良好的人际关系,顺利完成社交活动。把优越感让给他人,就是向他人示弱。向他人示威,有时很容易做到,而放低位置,降低姿态，向他人“示弱”却相对要难得多，尤其是适时适度地“示弱”更难。那么，在社交活动中，如何做才能巧妙地淡化自己的优势，减少他人的嫉妒心理呢？

1. 向同级介绍自己的优势时，强调外在因素以冲淡优势

女孩在与他人交往中，如果对方与你是同一个层级，介绍自己时，要淡化自己的光芒，注重强调外在的因素如何让你获得成功，尽量不要过分强调自己的能力，否则会让他人觉得你高人一等，聪明能干，从而招致嫉妒，为自己的社交活动带来阻力。

2. 向弱者表达自己的优势时，重点强调自己经历的曲折与坎坷

与他人交往中，如果遇到比自己差的人，女孩不能毫无顾忌地信口开河，有意向对方制造一种光辉的形象。这时候，你更应该平心静气地讲述自己难堪的经历和失败的记录以及现实的烦恼。让对方知道自己也有过曲折经历，让对方在情感上获得慰藉，心理上获得平衡；同时也可以激起对方奋斗的勇气，这样才能与周围的人建立良好的人际关系。

3. 与强者交往时，更应该表现出自身劣势

同情弱者是人的本能，因此，在人际交往中，特别是与强者交往时，如果你能够把自己目前所处的艰难局面展现出来，可以有效地获得别人的同情与帮助，从而有利于社交活动的进行。嫉妒是人的天性，聪明的女孩应该明白，在获得优越感的时候，及时有效地化解他人的嫉妒之情，淡化别人的嫉妒心理，将有利于促进人际关系的建立，为自己的社交活动的成功创造更有利的条件。

交际点睛：

同样，当你身边的人取得成功时，你应该衷心祝贺，尊重对方的成就，虚心向对方学习，争取早日获得更大的成功。

先抑后扬的增减效应

关于“朝三暮四”的故事：战国时期，宋国有个老人养了一群猴子。每天他都会给这群猴子分一些栗子。每只猴子每天两次，每次给四颗。几年以后，他养的猴子数目越来越多，于是，他就想把每天的八颗栗子改为七颗。

于是他对猴子说：“从今天开始，我每天早上照常给你们四颗栗子，晚上给你们三颗栗子，不知道你们同不同意？”猴子听了，都不能接受，吱吱地叫起来，跳来跳去。怎么办好呢？老人灵机一动，连忙改口说：“要不，我每天早上给你们三颗，晚上再给你们四颗，大家看怎么样？”猴子一听，都高兴得在地上打起滚来。

故事中，老人每天给猴子的栗子总数没有变，还是七颗。可是给的顺序不一样，得到的结果却不一样。先给多一点，后给少一点，猴子们接受不了；先给少一点，后给多一点，猴子们却欣然接受。在人际交往中，这种心理现象很普遍。如果一开始就给某人很好的待遇，当不好的待遇来临时，对方会觉得不满足；反之，则会感到满意。人们把这种反应称为“阿伦森效应”，也称为“增减效应”。

在人际交往中，从肯定到一般再到否定，这种递减会导致一定的挫折心理。一次小的挫折每个人都能够平静地接受，然而，随着肯定逐次递减，甚至变为责罚，这种挫败感就会陡然增加，以至于不能被大多数人接受。相反，如果在对别人进行肯定或否定、奖励或惩罚的时候，能够采用先否定后肯定的方法，先降低别人的心理期待，再超出他的预期，则会更容易赢得别人的好感。那么，在日常交往中，应该如何运用这种定律呢？

1. 如果想让别人感觉良好时，可以运用这个定律

在人际交往中，如果对别人既有肯定又有否定，不妨先从否定说起，否定说在前面，肯定说在后面。这样一来，对方能够记清楚的是你的肯定，可

有效地淡化你的否定，容易让别人自我感觉良好，有利于人际关系的建立。

刘蕾是一家汽车公司的销售员，她以往每月的销售量都超过30辆，总排在公司第一名，因此，深得销售经理的器重。可是，最近一段时间，受金融危机的影响，汽车行业也不景气。她的业绩开始走下坡路。据她估计这个月能够卖出去10辆车就不错了。于是，她趁汇报工作之际，把当前的经济状况做了分析，又和经理谈到目前的汽车市场萧条，最后她告诉经理，这个月能卖出去5辆就不错了，经理觉得她的分析很有道理，并点头赞成。可是到月底的时候，她竟然销售了12辆汽车。按照以前的预计，已经超过很多，经理惊喜万分，对她极力夸赞。

刘蕾巧妙地利用了"增减效应"，在业绩滑坡时，还能成功得到领导的赞赏。试想一下，如果当初她没有及时地把目前的局面去向领导反映，而只卖出12辆车的话，无疑是业绩下滑了，她还能得到领导的夸赞吗？聪明的刘蕾先将最糟糕的情况——最多卖5辆车，事先报告给经理，使经理的心理期望值降了下来。那么当超过这个心理预期值时，经理就会觉得下属已经在努力完成任务，不但心情不错，还会对下属给出好的评价。因此，年轻女孩，在社交场上，可以借助于这种模式，让别人感觉良好，同时为自己获得好评。

2. 如果想让别人对你感觉良好时，可以运用这个定律

如果想让他人肯定你，首先要降低对方的心理期望值。与他人交往时，有把握的事情，也不能把话说得太绝对，以防出现意外，造成他人极大的心理落差。所以，在人际交往中，要想别人对你有好感，可先给对方承诺比较容易实现的事情，以降低对方的心理期待。如果你最终成功解决问题的话，他自然会对你产生好的感觉；反之，可能会让对方认为你没有努力、不用心或者是故意这样做等。

交际点睛：

给他人带来不好的印象，也会为你以后的社交带来不利的因素。在人际

交往中，如果能够准确地运用增减效应，你同样也可以在不利于自己的因素下，得到他人的好评与认可，从而获得社交活动的成功。

从对方最感兴趣的东西入手

年轻女孩如果能够找到对方感兴趣的东西，并投其所好，更容易获得对方的认可和赞同，并能达到事半功倍的效果。

在与他人的交往中，如果能够迎合对方的兴趣，找到对方感兴趣的话题，引起对方的说话兴致，就会有利于社交活动的顺利进行；相反，如果不顾及他人的兴趣和爱好，提不起对方的谈话兴致，社交活动就很难进行。

那么，如何准确把握对方的心理，找准对方的兴趣和爱好呢？

1. 语言上，引导对方谈论一些涉及个人喜好的话题

在与对方谈话时，涉及面要广，如最近的新电影、流行的音乐、最新的股市、餐厅的招牌菜等，并专心地倾听对方的话语，从中找到关于他的兴趣的有效信息。这样一来，既可以得到有效的信息，又可以表现出你对他的尊敬，还可获得对方的好感。

2. 行动上，要投其所好

当你得知他人的兴趣和爱好时，可以选择恰当的表现方式，来表达自己的尊敬与赞美之情。无论是日常生活中的普通交往，还是商业上的谈判推销，只要能够找到对方的喜好所在，然后投其所好，就可以让对方倍感愉悦，从而使社交活动顺利进行。

王辉是一名红酒推销员，最近他发现知春路有一家名烟名酒店，店面装修精美，生意很好，主要与附近几个大型企业挂钩。他立刻向领导汇报，领导告诉他，那家店小李已经去过几次了，可是老板很难搞定，根本不给他开口的机会。但王辉并没有灰心，他决定亲自去看看。

第二天一早，店里就有几个客人在看酒，老板正在与顾客商谈，王辉独

自在店内观察。这时,他发现店中间有一张象棋桌子,已经摆好棋局,似乎等着人下呢,他猜想老板一定喜欢下棋。他突然眼前一亮,茅塞顿开!等老板忙完后,还没等王辉开口,老板就开始拒绝。王辉耐心地笑笑,“老板,我今天不是来推销酒的,我是专门找你下棋的,听说您的水平很高,正好今天没事,想和您杀两局,我可也是学校里象棋协会的秘书长哦!”老板一听,顿时满脸含笑。两人二话没说,连杀三局,结果是老板三局两胜。这时王辉的手机响了,他借故离开了,临走时,老板约他明天早上继续在这里下棋。

次日,王辉故意不去,等到老板打电话来时,他推说自己这几天任务重,改天有时间再去下棋。于是老板为了想下棋,顺理成章地提出帮王辉的忙。如此一来,根本不用王辉开口,就顺利地完成了任务。

这个案例中,王辉借助于王老板爱下棋的爱好,成功地征服了名烟名酒店的老板,从而完成自己的社交任务。可见,如果能够在社交活动中,找准对方的兴趣,从兴趣入手的话,一定可以征服对方,为社交活动的顺利进行推波助澜。

3. 态度上,要根据对方的脾气秉性行事

在与人交往时,不能总依着自己的说话做事方式,对那些喜欢被别人称赞的人,你不妨多说几句夸奖他的话;对那些喜欢出风头,乐意给别人出主意,认为别人请教他是对他的尊重的人,你不妨说一些自己遇到的难题,向他求助,让他给一些建议。这样他很快就会信任你,对你产生好感。

交际点睛:

总之,在日常的交往应酬中,要尽可能地针对对方的爱好、兴趣,投其所好,以此来调动对方的积极性,从而达到自己的目的。

赞美是最有效的指挥棒——罗森塔尔效应

1960年,哈佛大学的罗森塔尔博士,曾经在加州一所学校做过一个著名的实验。实验的内容是：从学校的现任教师里随意挑选两名教师，谎称他们是本校最好的教师，学校为奖励他们，特地挑选了一批学生让他们教。这批学生的智商比同龄的孩子都要高。学校叮嘱他们要像平常一样教这些孩子，也不能让孩子或家长知道他们是被特意挑选出来的。两名教师很高兴地接受了这个任务。一年之后，这两个班级的学生成绩是全校中最优秀的，甚至比其他班学生的分数值高出好几倍。当校长告诉那两位教师，这些学生的智商并不比别人高，他们两个也并不是学校最好的老师，只是学校随机抽取出来的，连他们自己都不敢相信这样的结果。

正是大家的肯定与期待，使得教师与学生都产生了一种努力改变自我、完善自我的动力。这种企盼将美好的愿望变成现实的心理，在心理学上称为“罗森塔尔效应”。在人际交往中，如果对一个人传递积极的期望，予以肯定和赞赏的话，那么这个人最终会变成我们所期待的样子。因此，年轻女孩，想要在社交场上获得成功的话，不妨先给对方以赞美和肯定，在其自我感觉满足的情况下，就能达到预期的效果，从而获得社交活动的成功。

人类本性中最深刻的渴求就是赞美，在与他人交往中，通过赞美，可以使对方心情愉快，工作起来更加积极，有利于交际的顺利进行。

那么，年轻女孩，在人际交往中，如何把对方改成你所期望的样子呢？

1. 当他人做出成就时，给予赞美

每个人都认为自己很重要，都有对自己的满足感、重要感、成就感。所以，与他人交往时，无论对方做出多么微小的成就，你都要学会适时地给予赞美，认同他们在社会中创造的价值。你的赞扬，可以让别人感到被信任、欣赏，对方会通过加倍的努力来维护在你心目中的良好形象，同时也会在心中尊重你，更有利于人际关系的建立。

2. 当他人出现问题时，你也要给予适当的赞美

当他人因为一时疏忽而出现错误时，如果你想让对方做得更好，不妨从其他的角度来表达自己的赞美。当然，你要分清情况。如果他人为了这件

事,已经很努力了,但是结果却没有成功的话,你的赞美,可以让对方觉得他在你心目中的重要位置,让他感到温暖与感动。这样一来,当你有什么困难的时候,他一定会鼎力相助。

玛莉女士见到前来应征的女佣,感觉挺满意,告诉对方下星期一开始工作。女佣在玛莉女士家干得非常认真,屋里的每个角落都打扫得非常干净。

一次,女佣不小心,把放在墙拐角的那个花瓶给打碎了,她顿时慌了神,不知道该怎么办。这时候,玛莉女士正在忙着做自己的事情,听到响声后,只是抬头看了这里一眼,接着低下头处理自己的事情。女佣心里七上八下的,她想等一下,肯定要挨批评了。时间一分一秒地过去了,等到玛莉女士忙完手中的活儿,已经快中午了,女佣正呆呆地站在哪里,不知所措。看到她忙完了事情,女佣急忙上前承认自己的错误。玛莉女士只是微笑着说:“没关系,你已经做得很不错了,要不是你灵敏地接住另外一个花瓶的话,我想它现在也已经碎了。以后,小心点就可以了。”听了她的话,女佣感激地点点头,并暗下决心,以后会更加努力地干活。从那次以后,女佣确实把玛莉女士的家,收拾得更干净了。

玛莉女士在他人的失误面前,没有像有些人一样指责对方,而是委婉地表达了自己的赞美。巧妙的赞美,让女佣体会到了自己在玛莉女士心目中的位置,既尊重了他人,也为自己获得了尊重。

3. 赞美时,要注意自己的态度和方式

与人交往时,为了能够达到交际的目的,可以赞美对方。但是,女性朋友要注意自己的表达方式,否则,可能会弄巧成拙。

首先,称赞对方时,要做到细心和真诚。每个人都有许多优点和个人的特色,在赞美他人的优点时,要表现出自己的真诚,不能过分夸大对方的优点,如果不符合事实,会给他人带来不好的感觉。

其次,赞美别人时,要做到具体、明确。要想让别人信服,称赞别人时,要表达清楚,如:“你干起工作来真认真”“你做起事情来头脑灵活”等。不要总是用笼统的词语，让他人觉得你是在拍马屁。

交际点睛：

一个聪明的女孩，在社交场上，懂得运用赞美之词，调动他人的积极性。这样既可以获得他人的尊重之情，同时又可以达到自己的目的，顺利地完成社交任务。如果你也想成为社交高手的话，也可以试试这一招，相信你一定会有意想不到的收获。

第9章

女孩与领导交往，察言观色掌握分寸

职场上的女性常常面临比男性更多的压力，很多时候，男性在工作中有更平等的机会，而女性作为弱势群体，在职场中往往会受到性别歧视。在某些时候，女性的样貌、身高、体形等外部因素也时常成为用人单位挑剔的因素，女性在这个倡导男女平等的社会中仍面临着巨大的压力。然而社会是不易改变的，所以，女性要适当改变自己，做一个自信、自立、自强的时代新女性。

女孩读懂上司的体态语言

刚进入职场的女性需要学习的东西很多，既有公司的详细情况，也有公司成员的构成和内部关系，更重要的是要了解自己的顶头上司——这是直接影响自己升迁和工资级别的关键。读懂一个人是需要时间的，所以需要时刻观察、随时交流，还要掌握一些捷径。

1. 观察上司的仪表

在开始接触上司时，你最先注意到的是他的仪表，也就是衣着打扮。如果上司在办公室里常常着装正式，说明这是一个工作严谨的人，这种人在工作的时候一丝不苟，并且严格按照规章制度办事；如果上司着装比较随意，说明这个人为人不拘小节，也更容易相处些。在条例严谨的公司，你要懂得规范用语，行为举止都要得体，和上司打交道时，要投其所好。如果上司着装正式，你最好也照做。如果你一身休闲装出现在气氛凝重的办公室里，就会显得格格不入，而且着装太突出的话，容易被大家所排斥；在工作环境相对宽松的公司，你就可以随意一点，活跃一点，轻松融入其工作环境。

2. 观察上司的言谈

一个人的综合素质如何，看其谈吐就可略知一二。成功的人士往往能够在各种人际交往中应对自如。如果上司的谈吐简单直白，那他可能是个简单练达的人，你可以也用相对简单的言辞来和对方进行对话。如果上司说话用词较为专业和复杂，你也应该拿出相应的专业知识来表现自己在工作上的能力，这样才能尽快取得上司的赏识。

3. 注意上司的表情

一个人的表情可以反映出更多语言不能表达的东西，当人类没有语言的时候，表情语言是非常重要的交流工具。表情语言主要是面部语言，而我们最需要关注的就是对方的眼神。眼睛是心灵的窗户，人类的思想感情在有或者没有语言交流的同时都会通过眼神表现出来。人们的眼神可以表露多种内心想法，如疑惑、高兴、悲伤、惋惜、气愤、激动等，作为人类面部的重要组成部分，眼睛往往是泄露人类内心的要塞之处。

清朝末期，曾国藩曾经召集自己所率军队的各部主要将领开会，商议讨伐太平天国的注意事项。曾国藩说了一番话："各位将领都是随我一路拼杀过来的，我先谢过各位。如今，又有洪秀全作乱，扰乱国之太平，我们拿朝廷俸禄，定要将其一举铲平。现在洪秀全从长江上游下据江宁，故曰，江宁是他的重要据点，我们已经收复了湖北、湖南两省，只剩下皖省……"曾国藩说到这里，眼神里不禁流露出热切盼望的神情。这时，还没等曾国藩继续往下说，将领李续宾听出了话音，接茬说道："大帅可是想要我们一举攻下安徽？"曾国藩的眼神从地图上挪到李续宾身上，眼神里透着欣赏和赞叹，说道："续宾真是深得我心，看来你早有准备。诸位将领不要不服，续宾在识破大局、宏远规划上确实比各位略胜一筹。"李续宾凭借着察言观色，读懂了曾国藩的眼神，赢得了曾国藩的信任和赏识，更加巩固了他在湘军中的地位。

学会辨析上司的眼神是非常重要的，在这里，你需要注意上司的视线方向、眼神是否游离、目光注意焦点等，上司的这些眼神变化能给你带来巨大的启发，从而帮你读懂其心理。

4. 注意上司的身体语言

人们在说话时往往伴随着一些不自觉的身体语言，如手势、头部动作、身体动作等。例如，在你汇报工作的时候要注意上司的神情，上司在听汇报的时候一般不会打断你，但常常会有些头部动作，如轻微的点头或摇头，这时你就知道自己哪里让上司满意和不满意了，然后即便领导不提出意见，你也应该知道如何去修改。当然，必要时还需要上司确认，然后再交给上司审阅，这样就会更容易赢得上司的信任和赏识。

交际点睛：

总之，在了解你的上司之前，要先学会读懂他的体态语言，这样可以帮助你更迅速地融入新的工作环境，并在工作中更加得心应手。

随机应变，上司出错巧帮忙

谁都有出错的时候，但是上司在下属面前出错是一件相对比较棘手的事情。当你遇到这种情况时，既要顾及上司的面子，又要不动声色地指出上司的错误所在，让他不至于继续错下去，这样损失才会降到最小。

上司出错从场合上来看，有私下和公众两种。在私下的场合，如果只有你和上司两个人，上司交代你去处理一件事，可能他说错了地址，你这时可以提出："我记得您和我说过是去另一个地方拿东西，是我记错了吗？"这种委婉的提醒，会让上司觉得你不是在质问或怀疑他，而是在怀疑自己，不仅让上司保住了颜面，还能够让他顺其自然地改正自己的错误。如果是在公众场合，你就要学会更巧妙地掩盖上司的错误，并让他了解和及时改正。比如在一个交易会上，迎面走来一位老总，上来就和你的上司打招呼并握手，可你的上司的表情明显是忘记了这位老总的具体姓名和身份并正在思考，这时你该发挥作用了，你应该主动上前去和这位老总打招呼、握手，并在寒暄的同时将自己所知道的信息传递给你的上司，你可以说："刘总，最近昭房地产的生意如何？"这样，既自然地问候了对方，还暗示了这位老总的身份。

接下来你就可以把话语权继续交给自己的上司了。这样，你就不动声色地帮了上司的忙，这时上司的心里已经对你非常感谢，但他也不会露于言表，而你知道自己的话语起了作用就好，也不必提醒你的上司嘉奖你的功劳，因为他必然会记住你这个"救星"的。

上司出错从事情大小来看，有大小之分。如果上司只是犯了一个小错误，比如口误之类，如果别人都没有觉得有伤大雅或者听不懂具体的意思，你也应该当作一个小插曲，让它过去，而不需要认真地去提醒上司犯了什么错误，否则可能会因为一个小小的并无大碍的错误影响上司和公司的形象，你的前途就会堪忧。当然，如果上司的错误涉及重要条款或机密，你就应该及时提醒上司并指出其错误所在，不然你作为一个下属就有失职之过。例如，在上司代表公司与另一方签合约时，填错了款项金额，你就该及时做出决断，该耳语和上司说出情况还是适时当众改正就要看情况了。总之，应根据事情轻重缓急采取不同的处理方法。大事大办，小事小办。如果这件事情涉及多方面并且错误比较严重，那就必须当机立断，在各方还没注意到的时候就帮助上司改正错误；如果事小，也就不必太过在意了。

交际点睛：

帮助上司解围有各种技巧，关键是能够做到恰到好处、不露声色。总结起来，就在一个“巧”字上。这一“巧”不但可以让上司轻松解围，而且可以无形中获得上司对你的好感和欣赏，这将是你今后进阶的有力武器。在办公室中，做一个随机应变的人，不仅能处理好和同事之间的关系，还能和上司和睦相处，深得上司之心，你也能赢在无形之中。

女孩和领导交往不犯怵

和领导相处是一种艺术，该用正式语的时候用正式语，比如汇报工作时，必须要用相对正式的语言来汇报，而在和领导的日常交流中，就可以用相对口语化的语言。

现在有些年轻女孩不敢与人交往，她们仿佛患上了社交恐惧症，整天把自己关在家里，网络是她们与外界交流的唯一方式，这就是所谓的蜗居生活。她们已经不习惯去人多的地方，害怕和朋友聚会，这使本来就孤立无援的她们更把自己推向了孤独的深渊。这种社交恐惧症的形成原因有很多，但主要是因为个人内心的自卑、不自信。她们总是担心自己会说错话，在做一件事之前总是思前想后而不去行动。如果不能尽快地剔除这种心理羁绊，势必会影响她的人生的正常发展。只有敢于走进各种各样的交际圈子，把自己的才华慢慢展露于众人之前，慢慢学会评价和交流，慢慢提升自己的人格魅力，你才能在工作中更有信心。心理学家常说，一次成功的交往经验，会很快消除一个人在人际交往中的恐惧和不自信，多一次成功的人际交往经验就多一份自信。与领导交往更要打破这种自我的不自信。

1. 要敢于与领导交往

每个人在人格上都是平等的，不论是在哪种社交场合下，你都不必自觉低人一等，要以平等的姿态和领导相处，这样会让你自己觉得信心倍增。在职场中，领导也不希望自己的下属是个什么都不会说的榆木疙瘩，不懂得交流的人很难做好工作，和其他员工也可能相处不好等，领导会从多方面考虑你是否适合你所在的岗位。所以想要干好自己的工作，还是要学会与人交往，特别是要敢于和领导交往。

2. 与领导交往时的注意事项

在打破了不敢与领导相处的僵局后，就要考虑与领导怎样交流比较合适的问题。即便你和领导在平日里相处得比较好，但是你也不要忘记，在职场中，领导的地位是不容置疑的，在正式的场合要注意规范用语，随意的场合也要注意保护领导的威严。

另外，与领导交往时，还要注意以下几点。

(1)要选对时机。时机在与领导交往过程中是非常重要的，比如，你希望自己的工资能有一定的涨幅，就要选对时机。在公司业绩不大好的时候，提这种要求势必是在给自己找麻烦，因为这时领导已经为公司的发展滞后而焦头烂额了，你再要求加薪的话，只会让领导觉得不舒服，很可能会影响你今后在公司中的发展。但是如果在公司业务蒸蒸日上时提这种要求，领导就不会觉得太突兀，尤其是当你的业绩很突出时，领导会觉得你提的要求很是时候。

（2）用语恰当。恰当的用语不论在何时都是很重要的，如果你对领导说话像对普通朋友那样，就太过随意了，不要忘记领导始终是领导，对领导的用语要多一些尊重。每个人都是在其位，谋其事，有些做惯了领导的人，也习惯了下属的察言观色，如果你和这样的领导胡乱说话，就有可能给自己造成麻烦。

（3）言简意赅。太过烦琐的语言往往不能取得很好的效果，和领导交往最好言简意赅，把要说的话以最简单易懂的方式表达出来，领导没有时间和你磨洋工。

交际点睛：

做事有条有理、不温不火的人最容易获得领导的信任，因为这样的人总是沉稳大方，而在和领导交往方面，这样的人不用把握尺度已是最好的尺度。总之，和不同领导交往，要把握的尺度也是不同的，所以要靠你自己在职场中不断摸索。

说服领导的几点技巧

说服一个人要晓之以理，动之以情，说服领导也不外乎这八字真言。领导也不是不讲人情的，你的恳切的态度会在说服领导时发挥积极的作用，但是决定你是否成功的关键还是看你的“理”是否充分。“情”只是一个必要条件，而“理”是充分条件。

比如，作为某个方案的策划者，你想到的可能远远没有领导想到的多，想要领导通过你的方案，就应该从一开始就站在领导的角度考虑问题。不仅要想到方案是否新颖吸引人，还要考虑到各部门的协调、人员的协调、时间的协调、资金的调动等。下面以此方案为例，谈谈说服领导的技巧。

1. 要从领导感兴趣的问题入手考虑

一开始领导可能会怀疑一切，但是倘若你能投其所好，设身处地为领导着想，从领导的角度考虑好各方面的问题，并提前做出一个协调的方案，这样给领导省出的时间越多，你成功的概率就越大。

2. 说话点到为止

你可能会将自己做出的方案滔滔不绝地介绍给领导，但是对于领导来说，那不过是众多方案中的一个，他并没有必要非采用你的方案，就算你觉得自己的方案再好，也不要夸夸其谈。在基本介绍过后，留下你的方案，让领导自己考虑，毕竟领导才是真正的决策者。

3. 不能逼迫领导做出决定

领导需要时间来权衡各方利弊，就算你的方案近乎完美，也要给领导留下思考的时间，如果你步步紧逼，反而会使你的方案“落水”。

4. 为领导着想

能够设身处地为领导着想并能时刻洞察领导心理的员工，总是能在自己的岗位上工作得如鱼得水，永远都不用担心自己哪天会丢掉工作，他的前途一定是光明的。如果能把握住领导内心最迫切的愿望和想法，就更能助你一臂之力，否则，你想要做的事总会面临重重阻力。

到了夏天的时候，很多人都会去水库钓鱼，这是一项休闲的好项目。但是，人们喜欢吃的东西未必鱼儿也喜欢吃，所以不是什么东西都可以挂上去当鱼饵的。如果我们投其所好，挂上一只蚯蚓，肯定会很合鱼儿的胃口。想钓到鱼，必须要有合适的鱼饵，好鱼饵可以引诱鱼儿上钩。想要说服领导，也要有好的“诱饵”。在你高谈阔论你的所需时，领导完全没有必要去理会你的个人目的，他需要的是纵观大局——整个公司或者部门所需要的。所以，如果你想说服领导听你的建议，你必须要想领导之所想，急领导之所急。

有这样一个故事：有一天，爱默生想把一头小牛赶到牛棚里去，但是他怎么也驯服不了那头小牛，尽管那牛的个头小，但是力气很大。爱默生的儿子也前来帮忙,他们一个在前面拉,另一个在后面推,可牛怎么都不愿意挪地方,他们就这样僵持着。这时,他家的女仆看到了这一场面,那女仆只是一个没有多少文化的普通女子,她不像爱默生一样能够写书,也不会引起别人的注意,但是就这一次,至少在这一次,她展现了爱默生没有的聪明才智,因为她更了解那头小牛。在这时,她想到了那头小牛不过是饿了,并想找到自己的母亲,女仆过去把自己的拇指放入小牛的口中,小牛自然吮吸了起来,就这样,女仆慢慢把小牛引入了牛棚,让它到了它真正的母亲身边。

交际点睛:

在亚弗斯德教授的代表作《影响人类的行为》一书中写道:“事实上,支配我们行动的是我们的欲望……不管是在商业、家庭、学校还是政治生活中,我能给那些想说服别人的人最好的建议就是要先去了解别人最迫切的欲望。只有做到这点,才能更快地达成你的目的,不然,你将失望而归。”

与异性上司相处的智慧

女性本身在职场中有其独特的优势,只要能够发挥她们的优势,就能为公司增光添彩。与上司的相处是一门学问,特别是与异性上司相处更需要技巧,下面几条也许会对不知如何与异性上司相处的你有所帮助。

1. 要和异性上司保持一定的距离

女性在职场中处在一个比较敏感的位置,和异性上司既有不可避免的接触,也要相对保持礼貌的距离,不能太近也不能太远,就像驾照考试中的进出库一样,太近了会碰到警戒线,太远了又会不合格。在你第一次和异性上司见面时,要尽量给他树立美好的第一印象,第一印象在很多时候都非常重要。比如,清楚地介绍你的名字,并以独特的方式加以解释;简单地介绍自己的背景、兴趣、爱好等。

在工作中,和上司保持距离不能明显地表现出来,因为你面对的是上司,上司还没亲近你,你就把他疏远了,这可不是什么好主意,所以要不露声色地保持距离。远近有度,这个度也是需要你自己在职场中慢慢摸索的,实践才能出真知。

2. 发挥女性的优势

人们在形容职场女性时,常常会用"才女"和"美女"两个形容词,但是才女往往让人想到这位女性可能相貌平平,但是能力很强;而美女常常让人觉得是个"花瓶"。但是现在社会竞争激烈,单单能力强或者长得漂亮都不足以在竞争中获胜,所以就在美女充电提升自我能力的时候,才女们也在学习化妆和搭配技巧,甚至通过整容使自己变得更漂亮。

其实,女性本身在职场中就有其独特的优势,只要能够发挥她们的优势就能为公司增光添彩。

(1)女性比男性在语言方面更具天赋。女性天生就具有良好的表达能力,思维更加感性,女性往往能看到事物的深层方面。女性和男性看问题的角度不同,也常常能和异性上司起到互补的作用。在竞争激烈的职场中,能够迅速嗅到行业前沿信息的敏锐女性是异性上司不可多得的人才。

(2)女性更善于精打细算,这也是公司中会计行业有更多女性的原因。

(3) 女性比男性更坚韧。外表看似柔弱的女性其实内心比男性更坚强,在遇到打击时,他们不会像男性决堤那么快,而是更能冷静思考并解决问题。

(4)女孩的直觉。这常常是电视电影中的经典台词,但是不可否认,女性的感性直觉在某些时候确实比常规的分析更管用,而异性上司也可以多多利用这一方面。

(5)女性的团队协作能力更强。尽管女性也有很多弱势,但异性上司更看重的是这些优势。所以,与异性上司相处时,要时刻注意发挥自己的优势,只有这样,才能在众多员工中脱颖而出。

3. 展示自己的职场才干

爱才之心，人皆有之。不管你的容貌如何，才能永远是一个人在职场中立足的根本。女性在职场中要洁身自好，以才取胜。领导一般都会有爱才之心，因为他必须从大局出发，以公司的发展和壮大为己任，所以，女性必须不断提高自己的职场才干。在工作中，以低姿态做人，高姿态工作，只有业绩最能证明你的实力。

交际点睛：

异性上司谈论工作或者聊天时要注意用语，不要说太随便的话或朦胧的含挑逗性的话，要处处表现得大方、稳重。

女孩要能做领导的好帮手

大人物也是从小人物做起的，想要成为一个成功的人，就要先做好自己的本职工作。而要做领导的得力助手，首先也要出色完成自己该做的事。比如，你是上司的秘书，那就要在上司上班前把每天的报纸摆在桌上，适时泡好上司喜欢的茶或咖啡端到上司的面前，为上司安排好每天的行程，所有这些都是一个秘书该做好的本职工作。做好本职工作是一个员工最基本的素质。

作为一名员工，除了要做好自己的本职工作外，更重要的是想领导之所想，甚至于要想领导所未想到的，这样才能做领导的好帮手。当领导习惯有你在身边时，你也就成功了一半，另一半还是要靠你自己的业绩来体现，成绩也是你能力最好的证明。当你既会做人，又有成绩时，你离成功也就不远了。

如果在上司想要什么东西时，你能够提前帮他准备好，当上司有什么难言之隐时，你也可以不动声色地帮他把事情办好，那就更好了。领导最喜欢这种员工，不管遇到什么事，都能为他完成所有该准备的事，既能做好自己的分内工作，又能做好其他可以做的事。

当然，还有最重要的一条，那就是要做一个真诚的人。只有为人真诚才能够在公司立足，才能有协助领导的机会。如果一个人为人奸诈、做事偷懒，永远不会得到别人的欣赏。职场如同没有硝烟的战场，自己的人品是最大的保证，自己的业绩是最强的武器，拥有这些，自然会让领导对你刮目相看。

当有一天你的存在成为必然时，如果你不在，领导会突然觉得身边少了一个左膀右臂式的人物，这时，领导已经把你当成他的得力助手了。他总会让你去做一些他觉得别人可能办不好的事，当有一些深造或晋升的机会时，领导也会自然地想到你。

罗伯特·胡雅特，当初是无意涉及了饭店这一行。当他最早去饭店学徒时，并没有想到以后自己也会成为饭店老板。在他做服务生时，他接触的人开始变多，他本身又是个开朗的人，通过交谈，他得知在饭店学英语能更好地与国外客人交流。后来在工作中，他的流利英语帮助他赢得了总经理的青睐，经理给了他出外考察的机会。后来他回国后老板给他涨了工资并给他提供了更多机遇，他成了老板的得力助手。不管是外语还是他自学的法律，不仅让酒店生意越来越好，也给老板省去了不少的投资。后来他得到了华尔道夫大饭店的总裁的青睐。最后他拥有了自己的国际性大饭店。

交际点睛：

他凭借自己的努力让老板一次次地给他机会，正是他不断地积极向上，让老板把他当作自己的得力干将。胡雅特的经历值得我们深思，只有做好准备的人，才能为自己赢得机会，成为领导的好帮手，进而拥有属于自己的事业。

从容应对职场领导的责怪

对于领导的责怪，要保持良好的心态，有则改之，无则加勉。

当你在毫无准备的情况下被上司责备的时候，你该怎样去应对呢？这里有以下几条建议。

1. 不能失态

面对领导的责备，你不能在领导还没发表完意见时，就与其产生争执。当然最好不要与领导争执，某些时候保持沉默是更好的方式。最好能够平静对待，但事实上人们往往做不到这些。其实，领导的责备未必是找茬儿，也许是忠言。所以你一定要仔细倾听领导的话，即使领导的话在你的内心掀起层层波澜，也要保持冷静，绝不可失态。

当领导责骂你时，也许他并没有对你的表现产生多大的不满。但如果这种情况下，你没有把握好自己的情绪，说了一些不该说的话，就有可能让本来可以大事化小、小事化了的事情向相反的方向发展，这样你就会得不偿失。

所以在职场中，面对领导的责骂，要学会控制自己的感情。这是一门学问，也是检验你在职场中表现是否成熟的试金石。因此在平常的时候，你就应该做好各种准备，更要加强自身的修养，善于听取逆耳忠言。

2. 微笑面对

不管上司如何责骂你，最后你的莞尔一笑会让领导所有的气愤都一扫而光，你的乐观的态度会带给领导清新的感受，领导也会因为你的积极向上的态度忘记之前的不快，给你新的机会。

3. 认真倾听，切实应对

领导之所以能做到领导的位置，必然还是有一定能力的，大多时候，他责骂你必定是有道理的。你不要总觉得自己没有错，是领导在挑你的刺儿，当然，有时他也许并不是要针对你，可能只是提前告诉你要时刻注意领导的话语权。面对这种情况时，你可以在心里一笑而过，不必太放在心上。但你也会在不经意的时候犯错，也许你自己并没有太在意，但是领导却能一眼看到你的不足之处并给予批评，这时你应虚心接受，这样其实更有助于你今后的工作。

在适当的时候，你也可以针对领导的不当责骂提出自己的意见。如果问题并不是出在你身上或者是由于误会等导致领导误以为你犯了错，你可以直白地向领导提出你的想法，并提供一条更好的解决方案。但是提建议时一定要注意语气，因为和领导关系僵化，对你没有任何好处。

交际点睛：

如果是领导太过分，你也可以向更上一级的领导汇报情况，或者辞职不干。当然这是迫不得已的时候才会用到的办法，毕竟换一份新工作付出的代价也是相当大的，况且你是因为和领导关系不好而跳槽。当你可以从容应对领导的各种说辞时，你就已磨砺成一名成功的职场女性了。

与领导相处要把握尺度

二十几岁的年轻女性，初涉职场，与领导的沟通是否通畅，与领导关系是否融洽，都与今后的职业生涯和事业发展有着非常重要的关系。

年轻女孩在与领导相处的过程中，只有把握好自己，才能使事业稳步发展。在与领导相处的过程中，一定要注意以下几个问题。

1. 与领导交往要有分寸

作为领导，他是你的上级，你应该对其表示应有的尊敬和礼让；但是同样作为人，你们却没有太大区别，工作不分高低贵贱，领导和下属只是分工不同罢了。所以也没有必要逢迎拍马、阿谀奉承，只要做好本职工作就好。

如果你和领导有着非常不错的私交，那么私下往来就好，在公众场合一定要分清上下级关系，说话做事都要掌握分寸，维护领导的尊严和威望。如果是与工作有关的事，一定要通过正常手续和步骤进行。

2. 保护领导隐私

即使与老板关系很好，也不要出现行为随便的现象，进出领导办公室要先敲门，等领导允许后再进入。进入办公室不要偷瞄老板的电脑、文件、手机等重要信息，如果偶然发现了领导的隐私，要装作没看见或没看清，并且注意保守秘密，不胡乱传播，更不可在办公室谈论领导的家事和私人关系。

3. 与领导巧妙沟通

在工作中，与领导巧妙沟通对自己的工作会有很大帮助，不仅可以提高工作效率，也可以最大限度地发挥自己的潜能。

做到良好沟通必然要正确理解上司的命令和要求，切忌似懂非懂莽撞行事。不懂的问题一定要问清楚，如果真的出现错误，要勇敢地承认，不要把责任推给领导，更不要说“不是您让我这样做的吗？”之类的话来。

4. 对领导表示谢意

在与上司共同进餐时，如果上司提出请客，要真诚地表示谢意；在领导给你多发了奖金或是私下给你红包时，都要在恰当的时候表示感谢，但千万不要明目张胆地向领导送礼。

5. 尊重领导但千万不要爱上领导

如果恰巧你的异性上司长得不错，能力也很强，对人态度也好，又多金，那么肯定是会受到众人瞩目了。如果有一天你发觉自己已经不禁对上司产生了莫名的情感，那么赶快打住，好好想一想吧，如果不是有十足的把握和理由，还是不要冒险为好。

扬扬在一家中型公司上班，她天真活泼、时尚浪漫。工作了一段时间之后，她爱上了她的老板。她的老板是那么有魅力，高大帅气，温文尔雅，仿佛任何难题到他手中都可以迎刃而解。而老板对她的好感仿佛也没有拒绝。

扬扬从侧面了解到，老板结婚已经很多年了，有一个刚上小学的女儿，和老婆的关系好像不是很好，但是很能和下属打成一片，对下属十分关心。

扬扬向老板表达了自己的爱意，而老板也没有拒绝。有时他们一起出去吃饭、看电影，就像普通男女朋友那样约会。经过一段时间的了解，扬扬知道老板和老婆之间已经没什么爱情了，两个人经常好几天都不说一句话，老板喜欢向扬扬倾诉一些自己的孤独和苦恼，扬扬觉得自己就是老板要找的人。扬扬沉浸在恋爱的幸福和喜悦当中，自然而然地也和老板发生了一切关系。

可是好景不长，有一天，老板的老婆跑到公司来，当着众多同事的面给了扬扬一个耳光，还说扬扬是狐狸精，破坏他们的家庭。扬扬感到很委屈，可是她却找不到老板的人影。同事开始在扬扬身后指指点点，在工作中扬扬也失去了与同事的和谐，那些原本和她有交往的同事也都渐渐远离了她。

后来老板终于回来了，扬扬向老板诉苦，说自己多么忍气吞声，要求老板离婚和她在一起。可是老板告诉她，离婚是不可能的，和老婆在一起这么多年，早就像亲人一样了，而且两人有孩子，不想给孩子留下阴影，还有各种复杂的社会关系都很难处理。相反，和扬扬在一起，也许只是自己一时冲动，如果扬扬觉得这种关系不能接受，那他也只好和扬扬断绝关系了。

最后，扬扬两手空空地离开了公司。女职员爱上老板，注定会是悲剧收场，真正能够成为神仙美眷的少之又少。一般人，都是经过多年打拼才能坐到领导位置的，所以年纪一定不会很小，不太可能没有过任何感情经历，而且大多30岁以上的人都有过结婚经历。扬扬明知道自己的上司有家庭，还义无反顾地去介入，只把“他们之间已经没有感情”当作理由，最终却两手空空地离开了公司。

交际点睛：

可见，爱上容易，为爱负责却很难，如果因此丢了饭碗，就更是得不偿失了。

第 10 章

女孩与同事交往，把握恰当的方式

职场如战场，职场上的每一个人都在进行着一场没有硝烟的战争，稍不留神，就有可能成为这场战争的牺牲品，战死沙场。若你不能选择置身于职场之外，就只能勇敢面对，小心谨慎地往前走。在前进的过程中，你一定要学会与同事交往的艺术，巧妙运用交际技巧，努力把同事团结在自己的保护罩中，为自己在这场战争当中赢得一席之地。

与同事交往要注意细节

同事关系是职场中非常重要的关系。你每天与同事在同一个屋檐下，大家抬头不见低头见，可以说，同事陪你一起度过了一天大部分的时间。好的同事关系可以营造一个和谐的工作氛围，使大家顺利完成工作任务，保持身心愉悦。相反，如果你所在的公司同事关系紧张，彼此一见面就互相嘲讽，那你整日为一些小事生气，工作起来也不会顺心。

其实，同事交往除了工作上的事，无非就是些芝麻绿豆的小事。只要你深谙与同事交往的艺术，做事注意细节，懂得在适当的时候对同事表示赞美，不触犯他们的禁忌，那同事也会亲切地对待你。

有一次，李燕在街上偶遇公司的同事王哲，王哲为人很热情，提议送李燕回家。这是李燕第一次坐王哲的车，当时正值上下班高峰期，路上车辆行人较多，交通拥挤，但王哲开车稳而快。这时，李燕开口说道："交通状况这么差，你还能开得这么快，真不简单！"王哲的驾驶技术确实高超，尤其对在繁华道路上如何行驶更有自己的独到之处，但从来没有人像李燕这样夸奖过自己。顿时，王哲心里美滋滋的，不由地对李燕心生好感。后来，王哲和李燕成了无话不谈的好朋友，也经常在工作中相互帮忙。

每个人都渴望受到别人的赞美，得到他人的肯定，只要你善于挖掘同事的优点，在适当的时候给予真诚的赞美，那你就掌握了和同事友好相处的妙招，为自己筑起了一座人缘大厦。

老张的坏脾气是公司里出了名的，见了谁都绷着一张脸，好像谁欠了他钱一样。一天，小李高高兴兴地给老张送来一包玉米饼子，送来时小张说："你不是说你特怀念农村的玉米饼子吗？我这次回老家特意让我妈做了些，你尝尝味道怎么样？"

经小李这么一说，老张才恍然想起，在一次公司聚餐的时候，自己曾提过在农村下乡时最爱吃农村的玉米饼子,可自从知青返乡以后,他就再也没吃过了,心里一直很怀念玉米饼的味道。

老张说时并没有在意,想不到说者无心,听者有意,自己随口说的话小李竟放在了心上,还真的给自己带玉米饼子来了。

后来,公司同事们惊奇地发现,老张还是逢人就摆出一张臭脸,唯独见到小李时会微笑着打招呼。

同事的随意话语,别人都忽视了,小李却把它放在心里,并达成了同事的心愿。每个人都会因为自己被重视而高兴、感动,也会因为他人的关心而倍感温暖。

与同事交往,你可以注意的细节还有很多,比如不探听和揭露同事的隐私。心理学研究表明:谁都不愿意将自己的短处或隐私在公众面前“曝光”,一旦被人曝光,就会感到难堪而恼怒。因此,对于同事的一些短处或隐私,最好的办法就是装聋作哑,不去打听和追究。另外,与同事交往切忌抬杠。交谈之中我们难免与同事争辩,有些人偏偏喜欢争论,有理就要争,没理也要争三分。其实这种做法很有可能会导致你的同事心情不爽,从此记恨在心。想想,如果你在办公室中处于四面楚歌、群起攻之的境地,那你的日子还能好过吗?

雷婷刚刚到报社不久,但她已经在单位中树立了不少敌人,同事们都不喜欢她,原因就在于她那张得理不让人的嘴。

有一次,她和一位同事一起讨论中美关系,那位同事很崇拜美国,在那大谈特谈美国的强大,认为凭美国的经济和军事实力,可以消灭地球上的任何一个国家。雷婷却对同事的观点不以为然,几番讨论之后,她批评同事不懂政治,不了解历史,不懂哲学辨证法。为了证明自己的观点,她还从网上查阅了许多资料来证明自己的观点,搞得那位同事在整个办公室丢尽了脸。

类似这样的事情还很多,就这样,雷婷将办公室的同事都得罪了,大家开始疏远她,孤立她,最后在单位中就只能看到雷婷一个人落寞的身影。

交际点睛：

与同事交往千万不可小瞧了交际细节，它们虽然不起眼，却可以不费吹灰之力地让你赢得同事的欢心，成为拨动人际关系“千斤”的“四两”。在职场中打拼的你，要深谙同事交往的艺术，留意细节，在小处做文章，让自己成为办公室的“宠儿”。

把握好职场友情的分寸

对待职场友谊要小心为慎，拿捏好分寸，为自己画一条牢固的安全警戒线，也为职场友情编织一条保护网。

徐慧和白子珊是一家广告公司同时招聘的新人，从事文案策划的工作。因为两人都是新人，年龄相近，性格也相仿，所以很自然地成了好朋友，经常在一起吃饭、逛街。有时白子珊还开玩笑地说：“为什么我们两个人都是女生呢，如果我们之间有一个是男生的话，那咱们就可以谈恋爱了。”有一天，老板接到一个手机广告的项目，要求所有策划人员拿出一份文案，并将所有文案进行比较，然后从中选择最佳方案。老板对这次的文案策划很重视，不仅提出了丰厚的奖金，据说做得好还可以升职。

这样一来，所有的策划人员都蠢蠢欲动起来，大家查资料、加班，干得热火朝天，唯恐落在别人后面。徐慧和白子珊当然也不例外，两个人在努力备战的同时，还经常就自己的文案与对方讨论，而对方也总能适时地提出自己的意见。

经过一段时间的准备之后，终于到了文案推介会那天，但令大家跌破眼镜的是，徐慧和白子珊制作的文案竟是一模一样的。霎时间，推介会炸开了锅，徐慧当场指出是白子珊抄袭了自己的策划案，而白子珊则说是徐慧窃取了自己的劳动果实，双方各执一词，互不谦让。为此，老板大发雷霆，当场宣布要彻查事情的真相；而且由于策划案做得非常好，真正的作者将会被提拔为主管，而抄袭者将会被公司开除。

经过一周的仔细调查，事情终于水落石出。原来，是白子珊见徐慧的策划案做得好，就趁她不注意的时候抄袭了她的作品。最后，按照老板的承诺，徐慧被提拔为主管，而白子珊则被公司开除。从此，两人由昔日的好友终成了陌路。

在职场上，如果两个人谈得来又志同道合，就很容易建立“职场友情”。智联招聘曾发布了“职场谎言调查”报告，结果显示两成受访者认为职场上难找到可靠的人，尽管如此，仍有三成受访者渴望获得职场友情。

职场上的朋友，可以为你的工作提出意见和建议，让你在工作中保持愉快的心情，甚至成为你事业的助推器。但是，对方也很可能是埋在你身边的定时炸弹，一旦有利益冲突，就会把你炸得粉身碎骨。

有个故事，直接而形象地描述了职场友情的微妙关系：两只刺猬，由于寒冷而拥在一起取暖。但因为各自身上都长着刺，靠得太近就会被对方扎到，离得太远，又会冷得受不了。几经折腾，它们终于找到了一个合适的距离，不会太痛，也不会太冷。职场友情也正是如此，你需要为它找一个“温暖又不至于被扎”的距离。

职场友谊有时并不那样单纯，它可能是建立在利益基础之上的，我们对待职场友谊要小心为慎，拿捏好分寸，为自己画一条牢固的安全警戒线，也为职场友情编织一条保护网。那么，如何才能建立完美的职场友情呢？

1. 职场友情，保持适当的距离才会美

职场友情在交往上要把握分寸，过分热络或者过分疏远都不是很恰当，让对方感到既舒适又安全才是最好的距离。在公司相处时，切忌将公事和私事混为一谈，同时也要注意声音和身体语言的运用，注意措辞不必太过亲密，要避免在公司内部炫耀与某人的友情。

2. 职场友情，要坚持“防人之心不可无”的原则

职场上的朋友，有些是建立在利益基础之上的，目的是获得更多的生

意、更多的信息、更多的支持和帮助。当利益发生冲突时，友谊自然而然也会发生变化。所以，要切忌将自己或工作上的秘密告诉职场上的朋友，当他不知道这些秘密时，你是安全的；当他知道了，你可能就不安全了。

3. 职场上的朋友，也需要关心和帮助

俗话说：朋友多了路好走。对于职场上的朋友，你也要本着真诚的态度、谦和的心态去认真对待，在工作中给予对方适度的支持、理解和包容。这样有利于你在职场建立良好的形象，说不定某一天你还会有意想不到的收获。

交际点睛：

总之，职场友谊有时比较复杂，当你决定在职场里交密友时，你可以选择为人两肋插刀，但不可被人背后捅刀。切记，理性对待职场友情，拿捏好分寸，为自己找一个“温暖又不至于被扎”的距离。

幽默随和助你赢得人心

幽默随和是一种才华，是一种力量，它以轻松愉悦的方式表达了人的真诚和善良。它像一座桥梁，拉近了人与人之间的距离，弥补人与人之间的鸿沟，它也是每一个希望减轻自己人生负担的人所必须依靠的“拐杖”。

幽默随和的人，使人快乐、愉悦，聪明的人善于利用自己的这种品质，使自己在职场的各个角落畅通无阻，处于不败之地。

袁子峰的坏脾气是公司里出了名的，动不动就发脾气，与同事发生冲突。同事们都孤立他，动不动找他麻烦，这令他很困扰。

他将自己的烦恼告诉了好朋友林奇，林奇听后哈哈大笑，说：“你终于也发现自己有问题了，哥们儿，就你那臭脾气，任谁也不会喜欢的。”见林奇这样幸灾乐祸，袁子峰狠狠地瞪了他一眼：“那你说我该怎么办啊？”“见了同事笑一笑，人家做得不好，你耐着点性子教，别动不动找话批评人家。还有，时不时地说些幽默的话，和同事们搞好关系。”这次袁子峰真的把林奇的话听进去了，他开始和同事们打招呼，微笑，偶尔还会夸同事的优点，再也不像以前那样吹毛求疵了。

有一次，一位曾经和袁子峰有过过节的同事说他是两面派，袁子峰很生气，但还是压住心中的怒火，笑嘻嘻地说：“让同事们评评理，如果我还有另一副面孔的话，我还会戴这副难看的面孔吗？”大家听了之后，不禁哄堂大笑起来。原来，袁子峰的相貌不是很好看，但他并没有回避这个问题，而是利用它拉近了和同事的关系。

从此以后，同事们见了袁子峰都乐呵呵的，再也不找他麻烦了，没事还会找他聊天，约他一起去玩。

林奇听了袁子峰在公司的故事后，得意地对袁子峰说：“还是我教你的那招管用吧，要在职场上混，幽默随和是必不可少的。”

假设你面前有两个人，一个言语风趣，为人随和；另一个为人苛刻，还长了一张苦瓜脸。如果让你从中选择一个做你的同事，你会选择哪一个？所有的人都会选择前者，因为没有人会为了黑暗放弃光明，也没有人会把自己置于一个苦闷的境地。

与随和的人相处，你不必担心犯错，因为他会给你改过的机会；与幽默的人相处，你可以在工作中看到乐趣，保持心情的愉悦。而与苛刻的人相处，你必须小心翼翼走好每一步，唯恐一个不小心就被对方训斥得一无是处；而天天对着一张苦瓜脸，你甚至可能会对自己都产生怀疑，觉得是自己做得不够好，才使得人家没有一丝笑脸。幽默随和是极易接近感情的热线，它能令你的同事卸除心理防备，在工作中感到轻松、愉快和温馨，它像春风一样吹进人的心田，暖暖的，很舒服。

美国作家特鲁说：“幽默随和可以帮助你解决人际关系问题。当你希望成为一个克服障碍、赢得他人喜欢和信任的人时，千万别忽视这种神秘的力量。”

同事交往，难免发生矛盾、误会和摩擦，只要你调动幽默、随和的细胞，就等于在摩擦得发烫的齿轮中，注入了几滴润滑剂，使同事之间不至于碰得火星四溅，撞得疤痕累累。

幽默随和不仅可以帮你赢得同事的欢心，还能化解你和同事之间的冲突，把敌人变成你的朋友。即使是铁石心肠的人，他的心也需要呼吸快乐的空气，享受被包容呵护的贴心。而幽默随和，会一根根拔下他身上的刺，让他卸下对你的防备，被你的人格魅力感染，并深深地爱上和你在一起的感觉。美国卡耐基大学的研究人员曾就“事业成功之因素”对上万人进行过调查。其结果是，在影响个人事业成功的因素中，技术和智慧所占比重为15%；良好的人际关系则占比重的85%。可以说，幽默随和也是事业成功的催化剂，它能在职场上帮你获得良好的人际关系，会使你的同事乐于帮助你、教导你，使你在技术上精进，在职位上节节高升。

交际点睛：

幽默随和，是一种高雅而可贵的情趣，是智慧和感情的结晶。具有幽默感的人，往往是一个乐观主义者，为人处世比较灵活，更容易与同事建立良好的人际关系，在给大家带来欢心、舒心的同时，也使自己成为职场的骄子。

真诚地关心每一个同事

穆言大学毕业后，一直在一家软件开发公司做编程工作。有一天，他去医院找一位医生朋友，却意外地在朋友的办公室遇到了公司的同事魏蓝。

魏蓝见到她有些意外，却什么也没说就走开了。后来，穆言从医生朋友那里得知，魏蓝有先天性心脏病，今天到医院是做例行检查的。

穆言一下子震惊了，自己虽然与魏蓝不熟，但从没在公司听说过她有病,而且她在单位那么开朗,一点都不像有病的样子。医生朋友还告诉穆言,有心脏病的病人要经常喝水,还要保持身心愉悦。

穆言在公司看到魏蓝的时候什么也不说,好似她根本就不知道这件事一样。可是,公司的同事却惊奇地发现,每天早晨,魏蓝的办公桌上都会有一杯热水,还多了一盆仙人掌。大家笑着说有人在追求魏蓝,并问她这位追求者是谁,魏蓝却说不知道。

其实,魏蓝知道水是穆言放在她办公桌上的,仙人掌也是穆言送的。但她明白,这并不是追求,只是鼓励,因为仙人掌的花语是坚强,穆言只是在默默地关心自己的同事。

再见到穆言的时候,魏蓝趁别人不注意,轻轻地说了声:"谢谢!"穆言微微一笑,说:"不客气。"

同事在生活中到底扮演着什么样的角色呢?每一个工作日,同事和你相处的时间最长;你的生日到了,同事会送你温馨的小礼物;你被领导批评了,同事会在一旁给你安慰;逢年过节,同事会给你送来亲切的问候。同事在你的世界里,并不仅仅是一起工作的人,他们越来越多地进入你的生活,成为你的朋友,是你人际交往中不可或缺的一部分。也许,职场上的尔虞我诈早已使你习惯了披着圆滑世故的外衣过活,在这个弱肉强食的领域,谁都不肯也不敢付出自己的真心。可是,越是冷漠的地方,越需要人心的温暖,而职场更是一个需要温暖的地方。只要你不吝啬自己真诚的关心,那同事的心,即使是冰山,也会被一点一点地融化。

真诚地关心你的每一位同事,把他们的事当作自己的事,把他们的困难当作自己的困难,在他们生病时送去你真诚的慰问,在他们感到疑惑时提出你真诚的意见,在他们满腹委屈时做忠实的听众。要像家人一样尊重、关心这些在职场上和你并肩作战的最可爱的人们。真诚地对待每一位同事,心中就不能有等级贵贱之分。如果你真诚对待的对象只是公司的老员工或领导,那你的关心就很可能是别有用心。这样的你,很有可能会成为同事们厌恶、排挤的对象。但是,如果你连扫地的阿姨、看门的大爷也能真心相待,那大家就会认为你是一个真诚、善良的人,而这样的人,大家也乐于结交,乐于支持。

许诺在单位里是出了名的好心肠,如果哪位同事生病了,她就会热心地陪她去看医生;如果有人因为加班不能接孩子,她就会说自己正好去那附近办事,可以顺便帮这位同事接孩子;如果谁和恋人吵架了,她就会给他们当和事佬,给他们拉红线;如果…… 许诺真心关心着每一位同事,而她的真心、真诚也感动着公司的每一位人,大家相互包容,把关心彼此当作理所当然的事。在这种和谐友爱的氛围中,公司的业绩也蒸蒸日上。其实,许诺不仅心肠好,她的能力也是有目共睹的,她总是能很轻松地就把难缠的客户摆平。

有一天,经理在开会时明确表示要在同事中选拔一位有能力的人做主管,要大家投票选举。公司共有 50 人,竟有 46 人选许诺,许诺自然毫无争议地成了公司的新主管。

好的人际关系是事业的助推器,可以使自己步步高升,许诺的故事向我们证明:职场上并不是每一个人都是尔虞我诈、自私自利的,只要你真心实意对待每一位同事,大家也会真心希望你将来能有好的发展,并在适当的时候助你一臂之力。

闭上眼,想想你的同事,他们在你脑海中是什么样的形象?你们曾为了公司的一个重要活动连续好几个晚上加班到深夜;你们曾一起奋战,共同抵抗公司的竞争对手;你们还曾在周末的时候一起到郊外去烤肉。回想种种往事,难道你不觉得同事就像家人一样值得珍惜和保护吗?对于这些曾经与你同甘共苦而将来也将和你并肩作战的同志,难道你不应该真诚地关心一下吗?真诚地关心你的每一位同事,你的同事也会真诚地关心你。

交际点睛:

付出一份关心,你就会收获一颗真心,而用真心包裹着的你们的友情,也将坚不可摧。这份友情，会在你心灵空虚时给予你慰藉，在你需要帮助时伸出援助之手，也会在你危难时将你紧紧托起。

巧妙应对办公室冲突

“今天是谁把文件掉在外面走廊了？这可是公司的重要文件，如果落到竞争对手那里，后果将不堪设想。”马双走进办公室，“啪”的将文件甩在办公桌上。“不就是一份文件吗，有那么严重吗？”原来文件是李欣不小心掉的。“不严重？你犯了错误也不知道悔改，这就是你的工作态度吗？咱们到经理那评理去。”“别动不动就找经理，这点小事自己都处理不了，那还有什么本事？”“你，你……”李欣和马双是公司里出了名的死对头，两人明里暗里不知斗了多少次，只要抓到对方的把柄，就肯定不会善罢甘休，非得让对方吃到苦头才高兴。

这天下班后，马双一个人回到家，想想自己这段时间和李欣的较量，谁也没占到便宜，却耗费了两人不少的精力。这种日子她真的受够了，她也想和李欣和平共处啊！“昨天是我不对，我不该小题大做，我向你道歉。”隔天到了办公室，马双竟然向李欣道歉了，办公室一片哗然，今天两人这是上演的什么戏啊？听到马双的道歉，李欣当场就愣住了。“你是在和我道歉，还是有其他的企图？”李欣怀疑地问马双。“我真的是在和你道歉。你想想我们这段时间，每天尽想着怎么和对方作对，工作也做不好。我真的累了，咱们握手言和吧！”马双真诚地说道。

看着马双认真的表情，再回想起两个人最近的斗争，李欣也觉得很疲惫。仔细想想，大家都是同事，何必呢？“其实我也有不对的地方，也请你原谅。”说完，两人相视而笑。

最近美国盖洛普公司的一项覆盖全球100万名工作者的调查指出，“处理不好与同事的关系”是导致离职最重要的原因。有人因为冲突惨遭小人陷害，有人因为冲突而丢了工作，还有人因为冲突而臭名远播。办公室中，与人为善，大家都可以相安无事，但与人为恶，那就一定要付出一些代价了。

长时间共处一个办公室，同事之间很可能会因为升迁、考绩、沟通等问题产生一些不愉快。刚开始，你可能只是默默忍受，不与对方计较，但时间长了，可能会争吵几句，更严重的，还会大打出手。其实，办公室冲突是可以避免的，关键看你选择如何面对。如果能恰当运用一些人际互动技巧，不仅能在职场瘟疫暴发前打上“心理疫苗”，也能在瘟疫暴发后运用以柔克刚的方法隔离疫情。

美国职场教练米兰达·肯尼特曾建议人们在发飙之前先花些时间，以冷眼旁观的心态诚实地自省，分析一下这个人为什么针对你。很多时候，一个人在你面前的表现不代表他的本质，而是你给他加上了某种个人标签，先入为主地认为他是针对你，然后积怨就会越来越深。这种错误的想法，通常是导致冲突进一步恶化的根源。

有一个小女孩在喂自家的驴，驴心急了就往前拱，不小心咬到了女孩的手。女孩大叫：“我好心好意喂你吃的，你居然咬我。”这时女孩的爸爸来了，他一边将驴赶走，一边安慰女儿：“它不是咬你，它只是友好得有点着急了。”

在办公室中，有些人性子急，就不自觉地得罪了人，其实他不是故意的，也不是针对某个人。这时一定要搞清楚状况，他并不是针对你。遇到这种情况，你不妨对自己说：“晕，今天被驴咬了一口。”

如果冲突真的发生了，这时你要想化干戈为玉帛，就得做好道歉的准备。给了人一巴掌，再给人一个甜枣，这种做法不一定见效，但总比打了人之后什么都不给强。道歉前最好先打好腹稿，避免感情用事、言语伤人，这时可以套用的沟通格式是：引发的事件，自己的感受，对未来的希望。比如“你昨天在众人面前批评我，这让我很受伤，我很希望今后避免这种事发生，我们就此谈一谈好吗？”看到你的大度表现，对方通常不会轻易拒绝你的好意，也许还会心生愧疚，自我检讨。

交际点睛：

职场上，多个朋友永远都比多个敌人更可靠。冤家宜解不宜结，何必要把矛盾扩大化。想想自己工作的目的，无非是多多挣钱，为自己谋个好的前程，而和别人起冲突实在是违背了你的本意。既然如此，就要放平心态，将冲突消灭在萌芽状态，不要让战火蔓延。

聪明女孩，懂得换位思考

从别人的角度考虑一下，真正体会同事的难处，那时，你就会友好地对待她。

一个男人觉得自己每天都在外面工作很辛苦，而老婆却整日待在家中无所事事，心里很不平衡。他希望老婆能够明白自己的不易，于是向佛祖祈求说：“佛祖啊，我每天在外面累死累活，看人脸色，而我老婆却只知道待在家中享受，我希望她能明白我有多么的辛苦，求求你让我和她的躯体调换三个月吧。”

佛祖满足了他的愿望，第二天一早醒来，他发现自己变成了女孩，而老婆变成了男人。起床后，他准备好早点，然后叫醒孩子们，为他们穿上校服，安排他们吃早餐，并装好他们的午餐。送孩子上学回家后，他开始洗妻子和孩子们的脏衣服，然后到超市采购生活用品，回到家，放下东西，还要缴清账单、结算支票本。

当他给家中的小猫和小狗洗完澡后，已经是下午一点了。他突然发现屋子里很乱，于是又开始给地毯吸尘、除尘，清扫、擦洗厨房的地板。抬头看表，孩子们快放学了，他急忙冲向学校，到学校后发现孩子们在学校和其他的小朋友打架了，他被老师叫到办公室训斥了一番。回到家之后，他耐心地教导孩子们不要和其他的小朋友打架，然后开始准备点心和牛奶，督促孩子们做功课，然后架起烫衣板，一边忙着，一边看电视。

四点半的时候，他开始削土豆，清洗蔬菜做沙拉，剥开那些新鲜的豆子，准备晚餐。终于把妻子盼回来了，他又开始招呼妻子和孩子吃晚饭。吃过晚餐后，妻子和孩子径直走到一边看电视去了，而他，开始一个人收拾满桌子的狼藉，洗碗，收拾厨房，叠好洗干净的衣物，给孩子们洗澡，送他们上床。晚上九点，他终于将家里的一切收拾妥当，爬上床，看着熟睡的妻子，他不能有丝毫的抱怨。

他拼命坚持了两个月，终于撑不下去了，又向佛祖祈求："佛祖啊，我实在受不了了，我老婆天天那么辛苦，我怎么会傻到嫉妒她呢？求求你，佛祖，让我们换回来吧！"佛祖却回答他："我想你已经吃到苦头了，我很高兴让一切恢复原来的样子。"第二天醒来，一切恢复了正常，男人也体会到了妻子的辛苦。

这个关于换位思考的故事照样适用于同事间的交往。工作中，你常常为一些人、一些事生气、郁闷，觉得别人不体谅自己，觉得自己受了委屈，觉得别人的做法不对，久而久之，办公室中就开始弥漫着一种火药的味道，同事之间的战争随时都可能爆发。但如果换位思考一下，也许你就会理解你的同事，包容你的同事，大家就能够共同努力创造一个和谐的工作氛围。

要做到换位思考，你就要从内心深处站到他人的立场上去，要像感受自己一样去感受他人，真正理解别人的想法、感受。

今天办公室的小张迟到了十分钟；会计部的小李为你少算了工资；工作任务完不成了，可技术部的小王又不肯加班……所有的事情你都看不惯，却又只能憋在肚子里生闷气。可是，如果你换位思考一下，又会怎样呢？小张家住郊区，每天到单位都要坐一个多小时的公交车，而且城里的公交每半个小时才有一趟，他每天这么辛苦却只有今天迟到了十分钟；你这个月把一项很重要的任务搞砸了，而小李却只扣了你那么点儿工资，说不定他还对你通融了呢?再说说小王,人家已经连续加班一周了,女朋友都有意见了,再不让人家团聚恐怕要分手了。

站在同事的角度这样想一想,一切是不是都情有可原了?每件事情都有它的两面性,你不应该总是偏执地坚守一端,而忽视了另一端。从同事的角度考虑一下,真正体会同事的难处,那时,你就会友好地对待他;而对于你的友好,他也会报以微笑和理解。

交际点睛:

想一想,如果每位同事都学会换位思考,那会变成怎样?没有指责,没有嫉妒,也没有尔虞我诈,你哭了同事会为你擦干眼泪,你生病了同事会关心你,你遇到了困难同事会帮助你渡过难关,到处都是关心、温情,大家和谐相处,把公司当作自己的家,而里面的每一位同事,都是你最亲爱的家人。

与异性同事相处,保持安全距离

赵强在公司技术部工作多年,为人踏实稳重,在同事中的口碑很好。可是最近公司突然传言他行为轻佻,经常借工作的机会占女同事的便宜。

听到这样的不实传言,赵强不禁在办公室大叫委屈:“我什么时候占女同事便宜了?”好友杨勇见他这样苦恼,就上前帮他分析,说:“人家会计部的钱虹说是你上次到她办公室的时候摸了人家的手。”“我冤枉啊,那次是我去她办公室看账目,她的笔掉在了地上,我好心帮她捡,没想到她也自己捡,就这样不小心碰到的。”“那人家孙雅说你上次去酒吧找她,还请她喝酒。”“那次是我们部门新开发的软件在她那里,经理临时要看,我才到那里找她的。我既然去了,总要展现一下绅士风度请人家喝杯酒吧?”“那上次大家亲眼看到你送陈雨薇的口红。”“那是上周我和她一起去见客户的时候,她不小心掉在我车上的,我只是拿到公司还给她而已。”“那……”听着这些传言，赵强真是百口莫辩，心想：怎么就这点事大家就认定我轻浮啊，那我怎样做才算对呢？

在公司的小小办公室中，两性之间的关系微妙而又复杂，处理不好便会成为双方心里的疙瘩，阻碍以后的正常交往。那怎样的距离才是安全距离呢？要保持和异性同事的安全距离，就要保持平常心，建立健康的两性相处心态。在职场中，你与异性同事不要有过于亲密的举动，这样容易被其他同事或者客户误解。当然，你也不该再以古代男女授受不亲的观点来衡量异性之间的交往。你对待异性同事和同性同事要采取一视同仁的态度，对对方的态度过分热情或冷淡都不可取。

在与异性同事交往时，一定要举止大方，态度端正，坚持“不轻浮、不轻佻、不矫情、不卖弄”四不原则。俗话说，苍蝇不叮无缝的蛋，无论男性还是女性，你都要掌握穿衣的尺度，不能毫无顾忌或者过分暴露，这样，你在尊重他人的同时更尊重了自己。倘若你在职场上说一些暧昧的话或做一些轻佻的动作，那对方可能会认为这是一种暗示，以致产生误解，做出一些不恰当的行为。切记，职场中，你的言行就要符合职场规矩，遵守职场的规则，千万不能任性妄为。

周明最近遇到了一件令人头疼的事，就是女朋友和自己的妈妈不和，妈妈公然表示不会让女朋友踏进家里的大门，而女朋友也宣言将来即使和周明结婚了，也不会和婆婆住在一起。两个女人互不谦让，周明夹在中间左右为难。

宋佳是周明在公司的合作伙伴，两个人经常一起做企划案，她发觉周明最近总是不在状态，就对周明说：“你最近是不是有心事啊？如果有可以和我说说，我就算不能帮忙，至少可以做一个忠实的听众。”

听宋佳这样一说，周明心头一热，就把自己的麻烦告诉了宋佳。宋佳听完之后安慰周明说：“没事，婆媳间这是常有的事，你们男人不懂，我教你几招。”

周明按照宋佳教自己的招数去哄女朋友开心，然后又去做母亲的工作，最后她们终于撇开了成见握手言和。周明家庭生活惬意，工作自然也做得更好了。

无论在家庭或是在工作中，谁都会有磕磕绊绊的时候，男性也不例外。他们可能会因为工作头绪繁多而忙得焦头烂额，可能会因为事业发展阻力太大而停滞不前，可能因为家庭纠纷而沮丧不已。

此时他们可能并不需要你的帮忙，他们只是希望有个人能关心一下自己，能听自己诉诉苦。如果有位女士能在旁边听他说说心里话，那他也会觉得深感安慰，因为女孩会给人一种温柔、亲切的感觉。其实，同事之间相互关心很正常，如果你能适时地关心一下异性同事，他会非常感激你，并对你心生好感。

交际点睛：

和异性同事交往是一门艺术，也是你在职场打拼的必修课。在与异性同事相处时，既要尊重他，更要尊重自己，在适当的时候要给予他关心、鼓励，但又要保持一个安全的距离，这样才能对双方有益。

第 11 章

女孩与爱人过招，让他对你持久心动

女孩选定了爱人之后，便会把他当作一辈子的依靠。但两人在一起时间久了，彼此免不了要吵吵闹闹，双方开始变得没有激情，爱情的最初约定也开始变质，男人不再把女孩视为珍宝，女孩越来越趋向怨妇的行列，爱情开始变为双方的束缚和负担，这样的爱情往往给彼此都带来伤痛。对于女孩来说，在与爱人的绵绵爱意中，如果不想受到伤害，想挽留住爱人的心，便要学会与爱人交往的妙招。

从天而降的白马王子

白马、宫殿、舞会、王子，还有公主的故事陪伴着许多女孩一路走来，于是嫁一个风度翩翩的白马王子，成为许多女孩子从小都爱做的美梦。理想总是美好的，但现实却很残酷，灰姑娘的故事虽然动人，但终究逃不过现实的撞击。现实生活中，既没有华丽的舞池，也没有水晶的舞鞋，更没有从天而降的白马王子。聪明的女孩子，还是从梦中醒来吧，看清你身边“白马王子”的真实面目，不要被你的眼睛所蒙骗。社会复杂，人心叵测，现实社会中的男人并不是完美的。他们有着很多不足和缺陷，可能与王子相距甚远。

也许有人会说戴安娜和查尔斯王子的故事，不就是现实版的灰姑娘与王子的爱情故事吗？答案非也，查尔斯王子之所以能够娶戴安娜，前提是她拥有正宗的贵族血统，况且他们后来的结局也并不完美。而生活中更多的是，那些“灰姑娘”更容易招致不良企图的恶人，或为别有用心的人利用。

阿洁，是一家外企公司的小职员，和男友相识了三年多，本来打算去年国庆节两人就结婚的，结果他们最后却分手了，原因是阿洁遇到了现在的男友李兵。李兵比阿洁大 10 岁，是个“海归”，不仅多金，而且温柔浪漫，一副风流倜傥的模样，她觉得只要能够嫁给他，就再也不用像现在这么辛苦了。

阿洁觉得与他在一起很开心，如果能够和他结婚的话，自己就知足了。所以当他们认识没多久，李兵向她求婚的时候，她毫不犹豫地答应了。可是仅仅几个月的时间，当初那个一脸甜蜜幸福的阿洁不见了，取而代之的是整天一副憔悴的模样。当好友问她时，她哭诉着说，其实李兵并不是外表看上去的那样，他有着许多小毛病：比如酗酒、抽烟、整天不着家，甚至打女孩。有一次，他喝醉了酒，回来后，阿洁只是好意劝他不能喝太多的酒，没想到他顺手抄起东西就向阿洁砸去，等到他打累了，才停下手来，然后独自去睡觉了。

从那以后,阿洁一看到他喝醉了酒,就觉得很害怕,那晚的情景就会浮现在她的脑海挥之不去。她对婚姻感到绝望,更让她无法忍受的是,有一天,一个女孩带着一个6岁的孩子找上门来指责她,说她破坏了别人的婚姻,她不知道自己莫名其妙地就被卷入一场婚姻的战争中了,而且还充当了别人婚姻的第三者。她到现在才想起前男友的好,可是所有的这一切却被她亲手毁了。

这便是现实,生活中有许多像阿洁一样的女孩子,她们总爱编织这样那样的美梦,尤其是关于爱情的,整个社会也无疑在帮助她们编织这样的梦。

一些电视剧、文学作品中一个个英俊帅气的小伙子,不仅长得出众,而且个个财多又都痴情,男女主角总是经过千难万险最终过上了幸福的生活。所以,越来越多的女孩子都做起了这样的梦,梦想着有一天,自己的白马王子,从天而降。于是,一些心怀叵测的男人,便穿上华丽的外套假扮成王子,出现在她们面前。她们便信以为真,以为那就是自己的白马王子,于是不顾一切地飞奔过去。最终,当王子脱下外套,露出真实面目的时候,她们才发现自己上了当,到头来才明白自己是多么的天真。

其实,现实生活中根本没有王子,即便世界上存在王子,也不太可能被你遇到。如果你不小心遇到的话,那一定是上帝睡着了,让王子走错了道。当上帝苏醒后,王子便会从你眼前消失,你会发现上帝欺骗了你,或者上帝只是和你开了个玩笑而已,而你却当真了。

你要知道,梦想与现实总有很大的差距,那些由浪漫的作家或演员虚构出来的假象,只是在向人们表达一种美好的愿望,终究不能与现实社会相提并论。如果你只是一味地活在梦里,那么就会在生活中一次次地碰壁。

交际点睛:

天真的女孩子们,快点醒来吧,看看你所生活的这个世界,根本没有白马王子的影子，不要再被假象迷惑，更不要被他人所利用，而要珍重自己，爱惜自己。

如何发现和找到一个好男人

不论女孩的事业有多辉煌，最终的结局总是要回归家庭。得不到家庭幸福的女孩，生活就不能算完美，所以，找一个好男人一直是女孩不曾改变的追求。然而，现在的社会让简单的爱情变得复杂，爱情的取舍也开始变质。大多数的女孩眼光变得世俗，对男人多了许多感叹，抱怨有才华的男人长得丑，长得帅的男人挣钱少，挣钱多的男人不顾家，顾家的男人没出息，有出息的男人不浪漫，浪漫的男人靠不住，靠得住的男人都是窝囊废。这一系列的原因，导致越来越多的女孩成了大龄剩女。大龄剩女在心里把男人装饰得太完美，以致在现实中却找不到符合条件的男人。

其实爱情的定义很简单，寻找爱情的方法也很简单。彼此爱着的男人和女孩，两个人在一起时间久了就像是左手和右手的关系，即使没有那么多海誓山盟，也会选择相守在一起。或许在你们的感觉变得很平淡的时候，又出现了爱你的男人或是你爱的男人，但那终归是一个过客，默默陪伴在你身边的永远是那个这么多年拉着你的手的男人，他的不离不弃，才是女孩在爱情中得到的最大的幸福。然而，女孩对爱情的感觉往往很微妙。有的男人让你看了一辈子，却总是忽视他的存在；有的男人让你看了一眼，却影响了你的一生；有的男人的讨好让你快乐，却被你悄悄冷落；有的男人只和你拥有短暂的开心，却让你的心跟着他纠结；有的男人一次次表白，却被你一次次拒绝；有的男人无心的一个表情，却成为你永恒的思念。这就是女孩追求爱情时的感觉，但感觉有时会欺骗你。所以，在拥有男人的时候，除了享受爱情之外，还必须知道这个男人适不适合自己，是不是一个好男人，能不能一辈子都对自己好，能不能给予自己心灵的幸福，这就需要你懂得好男人的基本标准。

第一条：男人的眼里只能看到你。他的视线总是放在你身上，你偶尔的不舒服，他都会着急得不得了，嘘寒问暖，百般的关爱体贴。虽然你们没有了热恋时的心跳，但他对你的爱却有增无减，比你的家人还要关心你。在你苦恼的时候，他会让你痛快地发泄，给你轻轻的一个拥抱，永远站在你这边，耐心倾听你倒苦水。

第二条：男人为你而学做饭。或许男人是家中的独生子，从小在宠爱中长大，可当这个男人爱上你的话，便会主动学习最基本的家常菜。因为他担心你在办公室总是吃快餐会伤害你的胃，他心疼你的胃，宁愿自己学习做饭。在你劳累一天下班回家的时候，可以吃到他尽心为你做的诱人饭菜。

第三条：男人能够得到家人的一致认可。或许追求你的这个男人，并不是你喜欢的类型，但他对你充满了诚意，同时家人都很喜欢他，这样的男人不要一下就回绝。因为长辈们拥有更丰富的生活经验，阅人无数，看人都比较准，既然他能够赢得长辈的喜爱，说明他是一个值得交往的人，他能让每个人心情舒畅，他可能也会对你百般呵护。选男友的时候，一定要适当听一下长辈的意见，若大多数的长辈都持反对意见的话，便要自己冷静一下，再重新进行审视。如果他能够得到长辈认可，那他自然有和别人不一样的优点，经过长时间的接触，你便可以发现这个男人好的一面。

这三条：好男人最基本的标准，当然，还可以从男人的性格、爱好、胸怀等方面看透男人的本质。总之，好男人的标准是拥有全能的生活技术，良好的心理状态，专一的爱情观。

交际点睛：

这样的男人甚至可以把女孩从丑小鸭培养成白天鹅，这也是好男人的终极目标。当女孩遇到这样一个真正的好男人时，要努力争取和他相伴一生的机会，不要放弃让自己得到幸福的机会。

爱要在恰当时勇敢说出来

暗恋这个词语似乎更多被赋予女孩，因为很多女孩天生羞涩，不好意思向男人表白自己的爱恋，害怕被男人无情地回绝，这让她不敢勇敢地说出心中的爱。她总是期待上帝将白马王子送到自己的身边。而当她暗恋某个男人时，总是把所有的时间用在幻想上，幻想和爱着的他在一个特定的时间、特定的地点偶然相会；要不就是在镜子面前摆弄自己的姿态，幻想在举手投足间吸引男人的眼光。可事实却打碎了她的美梦，在她幻想的同时，也许其他女孩已主动向她爱的男人表白了。人家直接说出爱，同样赢得了男人的爱。所以，爱上一个男人时，不要幻想，不要犹豫，要勇敢地大声说出来。被男人追求是一件很幸福的事情，追求心仪的男人更是开心的事情。而且，最新科学研究的结果显示，女孩对心仪的男人主动传递信号，主动展开追求攻势，更容易获得爱情。正所谓："男追女隔重山，女追男隔层纱。"当然，主动追求男人时，要注意以下几点。

1. 知道男人的底细

爱上一个男人后，首先要了解他的兴趣爱好，打听他个人的一些详细情况，搞清楚他的生活圈子和交友圈子。知道这些信息，才能投其所好，抓住男人的心。如先和他的朋友成为朋友，从朋友那里知道他的为人，以更加安全的方式确定自己爱的男人是不是一个值得追求的好男人。

2. 展现女性魅力

抓住和对方在一起的一切机会，在特定的空间内，大方地展现自己的魅力，优雅地和对方交谈，制造出正负两极相吸引的磁场，让对方对你产生好感，拉近你们心里的距离。

3. 巧妙运用外界小武器

有的女孩实在是羞于当面对男人表白，那么，手机、网络都是向他间接表白的小武器。找认识的朋友打听他的手机号，可以每天给他发一个晚安的信息，让男人知道有一个爱他的女孩存在。在网络上可以大胆和他谈论一些现实的问题，向对方的品位靠拢，记录他说过的每一个人名，思考他说过的每一个观点。在小细节上不时地透露出你对他的关心。让他爱上你，首先要温暖他的心。

“世界上最遥远的距离，不是生与死，而是我就站在你面前，你却不知道我爱你。”这是一句人人知道的经典话语。这句话告诫人们比生与死更远的距离，莫过于对方不知道你爱他。女孩不说出爱，男人可能就永远不会知道。

或许他也在爱着你，但因为你一直沉默不语，他看不出你对他的好感，所以这段爱恋一直没有展开。明明爱着一个男人，却把这份感情埋在心底；明明很想念这个男人，却让其他的事情麻木自己的内心；明明想拥有一个男人，却不敢说出对他的爱。因为你的沉默，因为你的害羞，因为你的懦弱，你只能一次次地与幸福错过。

交际点睛：

女孩是需要爱情滋润的，没有爱情的女孩，即使拥有再辉煌的事业，也掩饰不住一脸的落寞。所以，面对心仪的男人，你一定要勇敢地向他表白，不要错过。

小技巧让爱情“保鲜”

爱情需要保鲜，送给爱人的浓情蜜意便是能够使爱情保鲜的有效秘方，可以让爱情永不失去色彩。

1. 永远保存对男人的爱

彼此之间的深深爱恋是保护感情的有力武器，即使在生活习惯上有差异，即使双方经常有些小矛盾，但是这份心底的爱还是存在于双方的心里。爱情的定义很简单，爱情就是彼此拥有对方，爱情就是彼此依偎，爱情就是对方生病时细心的照顾，爱情就是对对方的不离不弃……

2. 给对方制造浪漫

热恋的男女总是浪漫的，婚后的丈夫和妻子也需要浪漫，重温一下热恋时的美好，给平淡的生活制造一些惊喜。

小萌和阿斌结婚五年了，两人是白手起家打拼事业。每天的工作都很累，所以有时两人会顾不上互相照顾，但是两人的感情却一直很好。小萌是个细心的女孩，总会为阿斌带来一些惊喜和浪漫。

上周是阿斌的生日，他自己都忙得忘记了，可小萌把他的生日记在了心里。中午休息的时候，快递人员送来了包裹，阿斌打开一看，是一个心形的蛋糕，上面写着：祝我亲爱的老公生日快乐。阿斌这时才想起今天是自己的生日，看着小萌订的蛋糕心里很幸福，他觉得拥有小萌这个好老婆自己很幸福。

一次，阿斌到办公室翻阅公文包的时候，发现了一张电影票，电影票后边还有一张小纸条，小纸条是这样写的："老公，今天晚上七点我在电影院门口等你，我穿的是我们俩第一次约会穿的白裙子，你要记得送我花哦！"看完纸条，再看看电影票，阿斌幸福地笑了。下班之后，他先跑到花店为小萌买了玫瑰花，到了电影院门口，他把花送给了穿着白色裙子的小萌，同时还送上了自己的吻。

小萌为阿斌制造的一次次浪漫，让阿斌更加爱她了。常年生活在一起的两个人，就要时不时地制造一点浪漫，给予对方幸福的惊喜，把日常繁杂的琐事都抛掷脑后，给对方的内心减压，维系甜蜜的二人世界。

3. 在生活中幽默一点

幽默可以打破双方的冷漠。在鸡毛蒜皮的小事情里，都是一些柴米油盐的现实问题，每段感情都要经历这样的现实。如果大家都因为这些生活的繁杂事而愁眉苦脸，那幸福就会遥不可及。没有幽默感的家庭就像是一个只能在里边住宿的旅店，没有欢声笑语，没有属于家的温馨感觉。懂得幽默的女孩会用幽默来调整心态，缓解生活中的重负，分担对方的痛苦。阵阵的欢声笑语才是家庭的氛围，才是促进感情的良药。在生活中，幽默一点，乐观一点，开心一点，更能让对方知道你的爱意。

交际点睛：

既然选定了那个你爱的男人，那就对他多些浓情蜜意，多些关爱体贴，让他在你最质朴、最深沉的爱中快乐地工作、生活。

爱他就要给他适当的自由

女孩和男人要想维系一段美好的爱情，便要懂得为彼此的生活留有空间。女孩与男人太接近容易伤害对方，离得太远了，又有可能冷落了对方。感情是需要考虑双方的空间距离和心理距离的，距离太近，原来的吸引力会变成排斥力，距离太远，原来的吸引力就会失去“吸引”作用。

人们常说距离产生美，相爱的两个人并不一定非要合二为一，留有自由的空间是对对方的尊重，而恰当的距离也能让自己保留一点让他感觉神秘的东西，让他对你始终充满着好奇。所以，给爱人适当的自由，对双方都有益。

1. 不参与他过去的生活

在两个人的感情稳定下来之后，不要对他过去的生活横加指责或乱加评论。其实两个人在一起，并不意味着要和过去的生活全部隔断关系，男人过去的生活或许可以帮助他重新找回曾经的激情，或许会在某方面上对他有所帮助，这便需要女孩给他打理自己过去的时间和空间。

2. 让男人拥有红颜知己

女孩通常都希望自己能有几个蓝颜知己，男人其实也一样。当男人的一些痛苦无法和爱人表达时，红颜知己却能成为他的忠实倾听者。

薇薇在大学是校花，许多家庭富裕的男孩和学习成绩好的男孩追求她，可是她却偏偏喜欢上了既没有钱也没有多少才华的陆华，两人大学毕业之后就结婚了。陆华在创业过程中遭遇了挫折，一开始的投资全部打了水漂，他本想创业成功后给薇薇幸福的生活，可现在所有的积蓄都用完了。他不敢面对薇薇，有好多话都不能说出口。其实薇薇也知道，但是她也帮不了什么忙。

和陆华一起长大的朋友小静知道了他的情况，主动地帮助他，为他投资，给予他创业上的指导。半年的时间内，陆华便做得顺风顺水，一切都进入了正轨。在小静的心里，陆华像她的哥哥一样，在陆华心里，小静是他一辈子可以依靠的好朋友。薇薇非常理解他俩之间的情谊，她和小静也成了无话不谈的好朋友。

有些女孩总是怕自己的爱人和其他女孩接触过多，把男人盯得死死的，这样做很容易让男人产生逆反心理。如果你相信你们之间的感情，其实完全可以大度一些，大方一些，让他拥有几个红颜知己又何妨呢？也许在有异性关注的情况下，他自己会对生活的要求更高、动力更足，对你的爱会更专注。

3. 有紧有松，抓住男人的心

男人就像天上的风筝，如果女孩松开了手，他就会脱身飞走，如果你抓得太紧，他就不能飞得很高。女孩需要用合适的力度来放开男人的身体，抓住男人的心。肖童是高中的音乐老师，男朋友在外地创业，两人没有在一起生活，但是男朋友每周都会过来看她，给她带好多礼物和好看的衣服，两个人的感情一直很好。有个闺中密友为她敲了警钟，和她说两地恋毕竟不是长久的事，时间长了，感情会变质的，男朋友有可能会被在他身边的女孩抢走。但肖童觉得男朋友那么关心她，肯定不会爱上其他女孩的，于是也没有太在意朋友的话。半年之后，男朋友提出了分手，分手的原因便是两地分居，感情变淡了，他在外地有了新的女朋友。肖童这时才后悔对男朋友太放松了。虽然距离产生美，小别胜新婚。可如果长时间两地分居，恐怕爱情最终会被距离谋杀掉。对男人太放松，会让男人对你不在乎，对男人盯得太紧，会让男人远离你，把握不好这个松紧度的女孩，很容易受到感情的伤害。

交际点睛：

男人和女孩都会有孤独、寂寞的时候，这时候都想寻找到另一半可以互相依偎。其实，男人和女孩的距离美就是，男人在客厅里看电视，女孩在厨房里准备晚饭，两人时不时地说说话。在自由的空间让彼此的心处于一个刚好靠近的距离，这种简单、朴实的幸福才能够长远。

不要用冷暴力伤害彼此

随着社会的文明程度不断提升，武暴力正在退出人们的使用范围，而冷暴力却被越来越多的人熟知。沉默、不搭理、不交流、刻意躲避等都是人们使用冷暴力的范畴，家庭中的冷暴力更使男人和女孩都受到了致命的内伤，曾经来之不易的感情在冷暴力中受到了伤害，甚至不得不结束。

胡笑和海子同居两年了，平时的感情都很好，很少因为一些小事情而吵架。最近海子公司有个女同事总是给他发暧昧的短信，胡笑看到海子手机里的短信后特别生气，于是便不再和海子说话。海子下班回来晚一点，胡笑也不像之前问寒问暖，对海子完全保持沉默。海子受不了胡笑突然的冷漠，和她主动说话，她也不搭理，两人一直僵持着。而女同事继续给海子发信息，时间长了，海子对女同事有了好感，便和胡笑提出了分手。

胡笑的冷落折磨着海子的内心，这种冷暴力让他无法承受。其实，不论是遭遇了第三者还是其他事情，如果一味地用沉默来和对方赌气，只能加深彼此间的矛盾，甚至彻底毁掉你们的感情。

冷暴力是一种隐形的暴力手段，对于男人和女孩之间的伤害，往往比武力的危害还要大，表面的伤疤可以用药物愈合，心里留下的创伤和阴影却是无法用药物治疗的。所以，对于冷暴力，我们要坚决摒弃，有情绪时双方可以互相沟通，有埋怨时双方可以直说出来，没有必要让对方陷入冷暴力的烦恼之中。

1. 多一点包容

只要不是原则性的问题，对于一些小事情、小摩擦，女孩不要把它们看得那么重要，更不要因为这些小事情引发大的矛盾。其实，装作什么都没有发生，是最好的处理小事情的方法。女孩要用包容、温柔的心去对待男人，让他在你的温柔乡里自醒，他知道这是你对他的包容和信任，所以他会感到内疚，同时也会自觉改掉自身的坏毛病。

2. 请求旁观者的支援

处于感情中的男人和女孩，他们的思想容易被爱禁锢，而旁观者对你们的关系或许看得比你们自己还要清楚，亲戚、朋友、同事都是很好的维系感情的中介。有些话不好意思当面和他说的时候，可以通过这些中介来向他传达，达到和解的目的。已婚的女性则常把孩子作为和男人和解的秘密武器，叫孩子拉着爸爸去户外玩，接触大自然，也可以让双方透透气，也许矛盾在玩耍中就不知不觉消除了。

3. 会吵架

无论多么恩爱的夫妻，都不可能不发生口角，其实，吵架并不完全是坏事。有时吵架是真正爱的表现，能够拉近彼此的距离。妻子要求程辛带着她去商场，到了商场，陈辛自己去买袜子，让妻子先看看女士的衣服，妻子被好看的衣服吸引着眼球，不知不觉地往前走。程辛回来之后找不到妻子了，妻子没有带手机，联系不上，更麻烦的是她不认识回家的路。他担心妻子迷路，于是在商场里找了两个小时才找到了她。看见了妻子，他过去就大骂，妻子因为迷路了，自己也很害怕，又被他骂，心情更加不好，两人便在商场大吵起来,妻子都气哭了。这时程辛说:“我是担心你走丢了,你要是真的找不到回家的路,我要去哪里找你呢?你要是出现了危险,我自己一个人要怎么生活呢?”听了这话,妻子扑向了程辛的怀抱。之后,两人买了东西,开开心心回家了。

这夫妻俩吵架的理由很简单,因为担心妻子出现危险而吵架,这时吵架的两个人都很可爱,既发泄了程辛的情绪,也显示出了他对妻子的爱。如果程辛因为赌气找到妻子之后,也不搭理她,直接拉着她回家,那两人的矛盾就会真正升级。

交际点睛:

用积极的态度看待吵架,会吵架,是每个男人、女孩都应该学习的。其实,只要双方在感情中互相让一步,互相多包容一点,多设身处地地为对方着想一下,就能摆脱这种不健康的处理感情的心态,拒绝冷暴力,换回甜蜜的爱情。

谨慎对待婚姻里的“红灯”

女孩应该做一个体贴的妻子,其实男人有时像小孩子,即使在外面呼风唤雨,回到家里,依然希望有一个暖暖的怀抱包容着他。

当女孩和男人相爱到极致,便选择了结婚,结婚是对彼此感情的肯定,但结婚却也是对这份感情的重新考验。结婚之后,爱的激情也许会悄然褪色,平淡的日子难免多了许多的不如意,有些男人用结婚完成了自己的感情任务,结婚之后,他又渴望回归到“独身”的快乐,这时婚姻中就可能会出现红灯。只有正确面对婚姻中的红灯的女孩,才能够找到属于自己的长久的幸福。

艾米三个月前和男朋友高峰结婚了。结婚之后,艾米的工作有些变动,公司总是派她到外地出差，每个月在家的日子很短，所以大多数的时间都是高峰一个人在家。面对高峰，她感到很愧疚，但为了工作，自己也没有办法。

一次艾米去上海出差，高峰给她发了一个信息，信息是这样写的：老婆，我真的快受不了这样一个人的日子了，家里的一切都让我感到陌生，结婚没有给予我家的感觉，这样的生活让我感到烦恼。艾米看完高峰的短信，自己哭了。

上海出差回来，艾米便向公司递交了辞呈，晚上做了一顿美味的晚餐等待高峰回家。高峰刚进门，艾米便给了高峰一个暖暖的拥抱，对他说："老公，我会找一份不出差的工作，以后每天晚上等待你回家吃饭。"高峰快乐地笑了。

艾米的工作总是需要出差，陪高峰在一起的日子很少，致使高峰不习惯家里只有自己一个人的日子。因为聚少离多，小两口的婚姻中出现了红灯。

艾米顾及了老公的感受，毅然决定辞去工作，换一份不出差的工作，以便有更多的时间照顾老公、照顾家庭。而面对家庭生活和事业的冲突，究竟该怎样选择，怎样取舍，是每个女孩都应该仔细思考的事情。如果你不能做到两者之间的平衡，那么就要做出使自己不会后悔的选择。

晓雪是一家广告公司的总经理，上级让她去外地和一个很重要的客户谈合作。由于天气的原因，改成了第二天的航班，于是晓雪没有再去公司就回家了。到了家门口一推门，门被反锁了，于是她便敲门，只见老公衣衫不整地跑着出来开门。老公一看是她回来了，顿时脸色都变了，晓雪感觉家里发生了什么事情，提着行李向卧室走去，只见一个女孩在着急地穿衣服。晓雪顿时有种天要塌下来的感觉，回头看看低着头的老公，她什么也没有说，走到饮水机前倒了一杯水，递给了丈夫说："喝杯热水，别冻感冒了。"

第二天，晓雪照常去出差了，她想留给自己冷静思考的时间，也想让老公好好反省一下。一个星期过后，晓雪出差回来了，刚进家门，只见老公亲手做了一桌子的饭菜，而且还写了一份悔过书，放在了桌子的一角。老公还为她脱鞋子，放衣服，晓雪并没有和老公提及第三者的事情。既然老公这样表现，表明他已经认识到自己的错误了，于是两人又和好如初了。

婚后的女孩在婚姻中面对的最大的红灯，可能就是老公有了外遇。对于第三者，无论是憎恨还是不齿，女孩更多考虑的是要如何面对。老公出了轨，就得打起精神全力以赴地收复失地。面对老公最尴尬的时刻，晓雪却递给了他一杯热水，送上了一句关爱的话语，其实这么冷静地处理，比和老公大闹一场更加有威力。如果晓雪当时和老公大打出手，那最后的结果恐怕就是离婚了，好不容易建立起来的感情，可能就轻易被第三者破坏了。但是，晓雪的爱包容了丈夫，也保护了自己的幸福。

乔叶和许涛结婚三年了，乔叶每天忙于家务，已经是真正的家庭妇女了。许涛忙着创事业，并拥有了一家自己的小公司。他每天西装革履，活得很潇洒。

最近许涛总是不回家吃饭，更加过分的是，有时还夜不归宿，手机打不通，第二天问他怎么回事，他说手机没电了，晚上加班在公司住的。对于许涛的话，乔叶半信半疑。有一天，在许涛公司上班的一个和乔叶关系很好的朋友，打电话告诉她，许涛和公司新来的秘书好上了，在公司都成了公开的秘密。乔叶放下家务悄悄去了公司，见到了老公的情人，对方刚刚大学毕业，年轻、漂亮、有学历，再看看自己发黄的脸色，臃肿的身材，乔叶什么都没有说，一个人默默地哭着走回了家。回家之后，她给许涛发了个信息："我比不上你的情人，我们离婚吧。"许涛这样回复："行，家里抽屉存折里有10万块钱，以后你自己用这笔钱生活吧。"乔叶看到了存折，对着存折号啕大哭。

乔叶输给了老公的情人，失去了自己的幸福。面对老公的出轨，她选择了放弃。乔叶和晓雪面对婚姻中的红灯，选择了不同的处理方式，结果也大不相同。

交际点睛：

如果女孩决定要一辈子和丈夫厮守在一起，那就要包容他的错误，更要时刻注意到婚姻中可能出现的红灯。婚后确实少了婚前的浪漫，少了婚前的激情，结婚后的男人和女孩却习惯了对方身上的味道，习惯了清晨起床看见对方睡在旁边。男人给予女孩安全感，女孩给予男人温暖，双方的感情已经从爱情更多地转变为亲情，这时候，巩固自己的婚姻，才是生活的重点。

为了爱的美好多给他点担待

婚姻像一个人的双脚，朝向的是同一个方向，人们才能不断前进。若左脚向左，右脚却要向右，如何前进呢？唯有包容和担待，才能使这双脚在人生旅途上方向一致，相依相伴。两个人相处，脾气秉性各不相同，婚姻复杂的一面又在于牵扯两个家庭，因此，夫妻间的摩擦时常出现。当花前月下的恋爱让位给柴米油盐的婚姻，当浪漫火热的情话让位给一日三餐的生活，当相思成灾的甜蜜让位给每日相守的平淡时，我们需要担待，才能为爱保鲜。

女孩的婚姻本就是一次漫长的旅途，如果没有了这样一种宽容、包容、谅解的担待，这旅程便不再鸟语花香、充满朝气。

有甜有苦、有笑有泪便是婚姻的滋味。如果日子过于平静，婚姻则潜藏着危机；如果日子过于吵闹，婚姻则会走向死角。女孩如何经营一份平和的婚姻生活，那要看两个人的性格、兴趣、磨合、理解，尤其是担待的程度。如果能求同存异，相互谦让，那必是一种甜美的幸福婚姻，能让人心情轻松，努力创业，享受快乐；反之，则是一种婚姻的苦果，会令女孩痛苦不已，甚至成为心理负担，萎靡不振。

在婚姻中，女孩学会多些担待、多点付出、多点温柔、多点体贴、多些浪漫，这就如同在婚姻的围墙边种上五彩缤纷的花朵，分外迷人。婚姻中要担待的地方非常多，我们要担待双方因见解不同时对方的出言不逊；我们要担待对方在职场竞争中失败后的心烦气躁，甚至一时的灰心丧气；我们要担待柴米油盐，一日三餐中的琐碎、重复、乏味……最难担待的或许还有因各种原因而造成的情感危机。虽然有这样或那样的危机、困难，但若我们都有一颗包容担待的心，相信危机终会过去，日子依旧精彩！

敏和华是一对夫妻，平时都忙于工作和家务，爱在他们之间变得很平庸。为了唤起老婆对他的爱，重新点燃她的激情，华约老婆到一个餐馆吃饭，借此机会浪漫一下。快下班时单位开了一个会，等他冒着滂沱大雨赶到时，已经迟到了半个小时。敏很不高兴地说："你怎么这么晚来呀，我都没有心情和你吃饭了，以后不要再这样迟到了。"华原本充满期待的心随之崩溃冷却。

洁和君同样是一对夫妻，君也为了制造两人相处的机会而约老婆洁吃饭。因公事繁忙，君也迟到了。但当君冒雨赶到时，老婆洁说："你忙坏了吧？"边说边为他拭去脸上的雨水。君的心瞬间一动，满是温馨甜蜜。我们常说，婚姻是一个空盒子，你必须往里面放东西，才能取回你所要的东西：你放得越多，得到的也就多。洁和君的婚姻就是如此，放入包容和体谅，婚姻自然甜蜜，感情自然温馨。女孩在婚姻中不要企图保持炽热激情，让爱情自然地发展，要知道，激情和热爱会随时间而消失。彼此的宽容、忍让、担待、不计较才是共同快乐生活的诀窍之一。

莉莉和丈夫结婚10年了，莉莉常对丈夫说："亲爱的老公，我希望你改变自己做的、说的某些事，即使你不改，我还是一样爱你，因为我爱的是你这个人，而不是你做的事。即使有时候我真的不喜欢你做的事，但我还是一样爱你。"丈夫听后也会感动地说："我很高兴你喜欢我这个人，否则我们的婚姻就毫无意义了。亲爱的，我不喜欢觉得自己好像为了你而活，我只想做我自己。如果你喜欢我这个人，我就可以也愿意改变我自己，使我们之间变得更美好。"确实，只有无条件的爱才是真爱，只有担待才能让彼此在婚姻中仍保持本真。女孩在婚姻中不要为了公平而争吵，也不要为试图改变对方而争吵，遇事学会扪心自问：这件事情真的值得我争吵吗？得出的结论和被伤害的感情孰重孰轻？若能将结果考虑到90%的话，争吵则可以避免。如果不可避免，则要尽量多担待一些，或者尽量缩短争吵时间。争吵的内容也要中肯，就事论事，千万不要涉及其他事情，翻从前的旧账。

交际点睛：

彼此的宽容和忍让是婚姻中的润滑剂，如果太多去计较得失，则等于亲手扼杀自己的幸福。世界上的每一段感情、每一个家庭、每一分幸福都是值得珍惜的，“相濡以沫”“白头到老”的婚姻更需要女孩多一些担待，少一些抱怨。

与他有一点距离和神秘感

水至清则无鱼。婚姻同样如是，女人和丈夫之间应该有意保持一点距离与神秘感，拥有属于自己的隐私。美好的婚姻如一树繁花，需要诚实的滋养，聪明的女孩会知道诚实与透明是不同的。透明是毫无隐私，而诚实是尊重对方的同时又有所保留。即使再亲密，作为女孩也不需要把心中任何感受和所有想法都逐一向对方倾诉。把所有想法都告诉丈夫事实上是一种不负责任的做法，确实，你减轻了自己的压力，却把压力转嫁给了丈夫。

面对生活中的点点滴滴，你无须把自己过去的遭遇和不快告诉丈夫或带到你们每天的新生活中，无论当时丈夫能否接受，都会留有有形或无形的伤害。要知道，爱情的世界是容不下一粒沙子的。

也许很多人不熟悉迈克·尼克尔斯这个名字，但谈起他导演的作品《毕业生》，你一定耳熟能详。黛安·索耶是他的妻子，事业上也毫不逊色，她是美国ABC电视台的台柱，美国当今最红也是最有魅力的节目主持人之一。

两人走入婚姻殿堂时，迈克已有56岁，黛安也有42岁了。此前迈克有过三次失败的婚姻，但对黛安来说，这是她的第一次婚姻。黛安说："我们彼此相互了解，有共同的爱好，更重要的是我们依然彼此独立，保留自我，对于对方的事业只提意见，不予干涉。""因为工作的关系，我的生活常常与飞机为伴，飞来飞去的生活我已习惯。我不会因为结婚而暂缓我工作的节奏。不过我也要关注他的感受。刚结婚不久我问迈克，'你是不是很讨厌我常常外出采访工作？还是你根本就很喜欢一个人待在家中？他回答说，'两者都有。"黛安在一次有关婚姻家庭的杂志对她的采访中谈到，"他尊重我的工作，我也对他长期在外工作表示理解。这是我们婚姻牢固的基础之一。""我们也对对方的工作表现提出自己的意见，指出对方的不足。但是只是个人意见而已，我们并不会因此而争吵。除此之外，对于一个稳固的婚姻来说，坚守与责任也非常重要。"女孩有自我和自信，才能真正享受美好的爱情婚姻生活。婚姻中，你和丈夫应该是两个交叉的圆，交叉的部分彼此分享；未交叉的部分，就留给彼此独自成长，独自回味。

赵静22岁大学毕业时就结婚了。因为太爱丈夫，尽管结婚时丈夫一贫如洗，两个人还要和婆婆住在一起，她也丝毫没有介意。结婚后，赵静一方面要照顾家庭；另一方面还要开拓自己的事业，慢慢地她的心理失去了平衡，常常觉得压力很大。她觉得丈夫是现在自己最亲的人，于是她习惯了事无巨细都跟丈夫倾诉。在婚姻中，她自认为做了很大的付出。原来比自己学习差、能力低的同学，纷纷出国留学或者获得很好的工作机会，甚至嫁了更出色的丈夫。相反自己现在的生活则苦不堪言，工作压力大，家庭事务繁重，而每天听她倾诉的丈夫也不耐烦极了。这种生活折磨得她非常痛苦，对丈夫和家人也开始有越来越多的埋怨和愤怒，导致家里面几乎每天都有口角和冲突发生。有的女孩常因为太爱对方，在婚姻中表现得更像一个仆人，而不是伙伴，试图依靠毫无保留来赢得丈夫的感动。如果你甘愿在婚姻中放弃自我，牺牲自我，毫无保留地来换取对方的爱，并希望完全走入对方的世界，那么一旦关系出现波动，你就会感到绝望，认为自己一无是处，婚姻了无生机。其实,这是消极的婚姻模式。

我们都希望婚姻能带给自己幸福,但是婚姻绝不是毫无保留。为了婚姻的幸福,适当的、互相的改变是必要的。但是,如果毫无保留地付出成了你的义务,当你成为婚姻的附属品时,那么爱情就变味了,婚姻也就变味了。

交际点睛:

婚姻如围城:城外的想进去,城里的想出来。真正聪明的女孩,会在城中找块空地,在房子周围开垦出一小片绿地。必要的时候,不用出城也能享受到温暖的阳光,呼吸到自由的空气。同时,站在绿荫中更深刻地感受丈夫的爱,家庭的温暖,婚姻的幸福!

第 12 章

女孩刚柔并济，掌握与异性交往的艺术

与异性的交往是所有人际交往中最敏感、最微妙的一种。随着女孩的交际面越来越宽广，在工作或生活上或多或少会跟异性打交道，恰如其分地处理好与异性的关系至关重要。因为这可能会影响到你在周围人眼中的形象，更有甚者会给你的生活带来不必要的麻烦。

与异性交往，亲密要有度

遵守与异性相处的生存之道，既可以拥有超人气的异性缘，打造良好的人际关系，同时又可以为自己的事业打下良好的基础。

黄芬芬是办公室的一个靓丽女孩，她聪明能干，人也漂亮，性格也很随和，因此，大受办公室男同事的追捧，她经常会与一些男同事在一起说说笑笑。一开始的时候，有很多人看不惯，不过慢慢地大家也就习以为常了，毕竟她所从事的工作需要经常与男同志打交道，这样也有利于以后工作的开展。可是最近公司有些人却私底下对她指指点点，说她与某位领导的关系非同一般，一时间传得沸沸扬扬，说是看见她与某位领导经常去外面吃饭等。听到这些，刚开始她也没在意，她认为只要自己行得正，没什么好怕的。

可令她苦恼的是，与她相恋两年的男友不知道从哪里听说后，对这些深信不疑，任凭她怎么解释都没用，最后两人闹得不欢而散。

这样的事情，在职场上屡见不鲜，面对男性同事或领导的一些热情的举动，即使你们之间根本没什么，也会被一些好事之徒拿来造谣，最后只能给你精神上和生活上造成不必要的麻烦。所以，与异性交往的过程中，一定要把握好“度”。

那么，如何做才能让你与异性交往时，既可以拥有良好的异性缘，有利于发挥自己的才能，又不会给自己的生活带来负面影响呢？

1. 要保持“亲而不近”的态度，杜绝暧昧举动

职场上，你可能经常会因为这样那样的工作与不同的男性接触，保持适度的亲密有利于工作的开展，并可提高工作效率，但是需要掌握好一个“度”。无论你与男同志是怎样的志同道合，也要保持一定的空间距离。与异性交往中，要使用礼貌的语言，行为举止要大方得体，不能因为性别原因，说话就无所顾忌；不能为了讨好某人，而拼命地迎合对方；更不能为了吸引

异性的注意，故意做出一些不得体的行为。要时刻牢记，你们只是工作中的合作伙伴，只是彼此熟悉而已。

2. 不要与异性共享个人的隐私

在异性面前不宜过多地倾诉自己感情生活上的不如意，否则有可能被对方认为你有移情别恋的想法，或者是在向他暗示什么。同样，如果对方把你当成感情生活不幸的倾诉对象，你不妨告诉他一些你感情生活中美好的事情。一方面，既可以加固你的感情生活，缔造完美的生活状态；另一方面，即使对方有什么想法的话，也可以通过你的表述婉转地表明自己的态度，避免他对你投入过多的情感。保持一定的心理空间，不能无话不说，是一个有修养的女孩成功地处理好与异性之间关系的重要手段。

交际点睛：

遵守与异性相处的生存之道，既可以拥有超人气的异性缘，打造良好的人际关系，同时又可以为自己的事业打下良好的基础。聪明的你，只要懂得了这些生存法则，相信一样也可以在与异性的交往中左右逢源，挥洒自如。

学会与异性友好相处

美国人类学家霍尔经研究发现，进行社交活动的距离，应保持在120～360厘米间。因此，交往的过程中，选择恰当的交际位置，可以客观形象地表达出你所持的态度，不会给他人带来错误的信息。

王娜是公司新来的员工，身材娇小，性格也比较内向。她与办公室里的女同事之间还能聊上几句，但一与男同事打交道就怯场。平常工作中遇到事情的时候，她也是请别人帮忙与男同事交涉。路上与公司男同事相遇的时候，她也是低下头匆忙走过。因此，公司的男同事看她一脸拒人千里的样子，也不怎么跟她说话。有一天，下班之际，她叫住了正打算回家的赵玲，当赵玲询问她有什么事情，她说："没有，就是我一个人在这儿加班有点害怕，想让你多陪我一会儿，我这工作过一会儿就能完成了。"赵玲说："我今晚有事，得早点回家，公司不是还有其他同事在这儿加班吗？有什么可怕的啊？"可她还是一脸可怜兮兮的样子，"那些都是男同事，就是看着他们觉得害怕。"最后，赵玲看着她那可怜的小模样，才答应陪她一起下班。

生活中，像王娜这样的人也大有人在，一遇到与异性共处一室的时候，不知道从哪里开口，甚至会感到手足无措。当今社会，男女各顶半边天，工作生活之中，都不可避免要与异性打交道。如何与异性相处，虽不是三言两语可以说清楚的，但也不用想得过于复杂，只要注意以下几点即可。

1. 对待异性，保持健康的心态最重要

作为21世纪的女性，人际交往中与异性的接触非常频繁，不能也不必害怕与异性交往，否则，只会阻碍你事业的发展。面对异性，坦然自若更能够为自己赢得良好的人际关系。与异性交往，要拥有健康的心态，不必多想，真诚就行。

2. 对待异性，保持大方、得体，不矫揉造作

与异性接触的时候，应举止得体，表现大方自然。如果你想在工作上得到异性的帮助，可以直接向其诉说自己的处境，以得到他的同情，没必要扭扭捏捏或故意的发嗲，这样可能会弄巧成拙，让对方误解。

3. 与异性接触中，要保持虚心的态度

生活中，男性由于个人爱好、兴趣、阅历等原因，可能比女性的知识面更广，对事物的见解也更深刻。因此，与异性交往的时候，没必要不懂装懂。适当地向异性讨教，可以博得异性的好感。从男性的角度来讲，在异性面前展现知识渊博的一面，会让他们更有成就感。因此，一个虚心的女孩会更受异性的欢迎。

4. 与异性相处中，恰当地处理好感情问题

在与异性相处的过程中，你可能会发现对方的优点，产生好感，这些都

是人之常情,关键看你如何去处理这种感情。对于异性朋友表现出来的好感,要正确对待。如果还没有做好这方面的准备,你要用婉转的话语向对方表达你真实的想法,以免伤害对方的感情。

交际点睛:

如果你能与异性友好相处,就可以在异性之间自由地穿梭,又能保持良好的声誉,对自己的事业也非常有益。

巧妙说不,摆脱异性的纠缠

“拒绝有方,感情不伤。”现实总是那么爱捉弄人,你喜欢的那个人,面对你的热情却不理不睬;相反,你毫无感觉的人,却总在你身后,穷追不舍,大献殷勤。面对这种情况,你也许并不觉得幸运,面对他的死缠烂打,你甚至会觉得他让人讨厌,可是你却又不好意思直接拒绝他。

生活中,我们会遇到很多这样的情况,虽然每个人都有爱与被爱的权利,但不能把自己的意愿强加在他人身上。如果对方向你表明自己的爱慕之心,而你却并无此意,那当然要拒绝。但是拒绝的语言要恰当,一方面,要把自己的意思表达清楚,不要给对方心存幻想的余地;另一方面,又要注意语气委婉,不能显得太不近人情。总之,既要达到目的,又不要伤了彼此的和气。当然,这也需要因人而异。对于条件优越的和条件不怎么好的异性,应该分开来对待,这样才不至于把事情搞得一团糟,甚至无法收场。

对于那些无论是身份还是地位,各方面条件都很优越的人,你在拒绝的时候,可以先把他捧得很高,然后告诉他,由于两人之间的差距大,害怕自己不能胜任这个角色等。条件优越的男人一般都有很强的自尊心,只要在拒绝的时候,给他保留面子,过不了多久,他可能就会主动放弃,那时你就可以全身而退。

对于那些比自己条件差的异性追求者，更要注意拒绝的方式，说话要委婉一点，不可伤害对方的自尊心，毕竟，爱一个人并没有错。可以找一些其他的借口，比如，“我已经有男朋友了”“我已经有喜欢的人了”等，但不用刻意表达，可以先制造一个机会，趁对方心情愉悦的时候说出来，也可采用幽默的方式对待，这样效果会更好一些，既可以达到目的，又不会伤了对方的面子。

有一位年轻漂亮的姑娘，周围有很多男同事追求她。一天，大家在一起干活的时候，她突然接到一封信，打开一看，是同单位的李辉给她写的情书，此人性格比较内向，平时也不怎么敢和她说话。她心想，“就你还癞蛤蟆想吃天鹅肉”，在男同事的起哄下，她一气之下竟真把那封信当着大伙的面儿念了一遍，结果李辉被羞得无地自容，没过多久就调到了别的地方，原来追求她的那些人也都被吓跑了。几年过去了，当初那些追求她的人都已经找到自己的另一半，而她还是孤零零的一个人。

其实，男人都比较好面子，大多数情况下，如果你能够以诚相待，在尊重对方的前提下，婉言拒绝，就能够达到自己的目的。不必做出一些极端的事情，伤害对方，无形中也伤害了自己。

周菲是一家公司的文员，她不仅聪明能干，样子也非常漂亮，对人总是很耐心，因此受到同单位张浩的青睐。那天，他们一同经过几个钟头的努力，终于把一个合作项目谈成了，大家都很兴奋，提议下班后出去放松放松。

周菲也没想那么多就去了，可是到那儿一看，哪里有别人，只有她和张浩两人。周菲有点尴尬，但是又不好意思先走，只能坐下来陪着张浩一起吃。那天他们聊了很久，周菲发现原来张浩是个很幽默的人，两人聊得很开心。后来，张浩又约周菲一起出去玩。这些都逃不过办公室其他人的眼睛，可是谁都知道张浩是一个已经结了婚的人。因此，面对张浩频频的暗示，周菲更加不知道该如何和张浩谈。她怕万一自己说了，张浩没有那方面的意思的话，岂不是会更尴尬？时间久了，周菲便发现有人在她背后指指点点，私下议论他们之间的关系不简单。张浩听到后，并没有说什么，倒是让周菲苦恼不已。男友在听到这些议论后也整天对她疑神疑鬼的，每天回家稍微晚一点都会被他怀疑。最近他们为此经常吵架，周菲因此更加苦恼。

在生活中像张浩这样的人屡见不鲜，整天伺机在周围的女同事身上，搞些暧昧的“小动作”。如果对方拒绝他的话，也没啥损失；万一遇到那些涉世不深的小姑娘，就可能会上了他的当。面对这种情况，一般女孩也只能被动地接受，因为怕一开口，别人会说她自作多情，或者会在以后的工作中被对方找麻烦。其实，这样的做法未必就是上上策，要摆脱这类人的纠缠，也有一定的技巧。比如，他再约你的时候，你可以使用一些借口，或者你可以拉上你的朋友、同事，甚至是他的太太一起去，相信他弄懂你的意思后，一定不会再纠缠你了。再者，你也可以选择一个适当的时机，和他开诚布公地谈谈，把你的状况和他讲清楚。如果他真的没有非分之想的话，他一定会理解你的心情，主动和你划清界限。反之，如果他确实有这方面的想法，你就更应该及时提醒他，巧妙拒绝他不合理的要求。

不过，现实生活中也会遇到一些死缠烂打的男人，这类男人应付起来可能就有点让人头疼了。因为不管你怎么说，他都当作没听见，做起事来依然我行我素，甚至会影响你的工作与生活。对于这类情况，如果你已经明确表达了自己的意思，该找的借口也都用上了，还没有效果的话，那就到了非采取必要的措施不可的时候了。你可以通过离开一段时间、换电话号码、搬家等方式，让时间来冷淡对方的热情，最终让他彻底死心。

交际点睛：

摆脱异性的纠缠也需要技巧，学会了巧妙说不，可以使你与他人都不会陷入两难的境地，更可以让你远离一些不必要的麻烦。

与异性交往，保持一点神秘感

与人交往，你可能在瞬间对某人产生好感，你们聊得很投缘，你甚至有很多话想说，且慢，不妨先闭上嘴巴，想想你该说些什么。社交场上，与异性交往的时候，不能因为心情迫切，就把自己的情况都向对方和盘托出。无论何时，都应该对他人有所防备，也千万别让你所谓的热情、率真吓倒对方，很多时候，也许你的言无不尽只会弄巧成拙。

小霞是一个待人热情、诚恳的小姑娘，不仅人长得漂亮，而且能歌善舞，没和她打过交道的人，都会很欣赏她的才华。可是她周围却没有几个异性的朋友。可能有人会觉得纳闷，其实原因很简单，她这个人为人很正直、坦率，也很单纯，要是别人问她什么事情，她总是有问必答。作为同事还行，但要是做朋友或是恋人，却并不合适。因此，同事都不敢把她当成知心朋友。面对这样一个毫无城府的人，谁敢把自己的秘密告诉她。有时候她也为此而苦恼，因为她很热情，无论别人遇到什么样的难题，她总是会竭尽全力去帮忙。作为同事，大家倒是喜欢遇到这样的姑娘，既没有什么心机，也不会给别人带来什么威胁。但就是这样一个女孩子，想找到一个生活伴侣却很难。

前一段时间，邻居大妈给她介绍了一个对象，对方条件很好，但是性格有点儿内向，平常也不怎么爱跟女孩子说话。这不，刚几天时间，小伙子就来向大妈诉苦。他说小霞没别的毛病，就是太热情了，跟她在一起，找不到谈恋爱的感觉。每次在一起的时候，她都很热情，总是主动替他考虑，有时候谈到一个话题的时候，她总有很多讲不完的话似的，让人感到好像自己被她“揪住”了，所以后来小伙子就有点害怕与她见面。虽然与她交往时，他也会被她的热情大方所感染，可是他也无法把她与伴侣联系起来。他让大妈转告小霞一声，她很好，但是两人不适合。

生活就是这样，可能对方并不会因为你的热情、坦诚和善良就爱上你，所以女性与人交往的时候一定得把握好一个度，不要让你的过分坦诚成为缺点。特别是对初次见面的异性，更应该注意自己的说话方式和内容。从安全的角度来考虑，当他人问及你的情况时，只要用两三句话概括一下就可以了。如果你一味诚实地讲述自己的私人生活或个人问题，甚至可能会让一些别有用心的人得到你的详细资料，做出一些伤害你的行为。如果你总是高谈阔论，不给对方说话的机会，会让对方觉得你这个人没有一点秘密。从男人的角度来说，最可怕的不是女孩不漂亮，而是女孩没有秘密。那样的女孩，就像是一本已经知道了结局的小说，一点悬念都没有，吸引不了男人的兴趣。过于坦率的表达方式可能会吓走对方。

很多男人天生是猎手，喜欢挑战，他们喜欢那些有神秘感的女孩，而且会不遗余力地探求她们言谈举止中的虚虚实实、真真假假。面对一个正直、坦率的女孩，他们却会觉得像喝白开水一样，虽然健康，但是细细品来却没有任何味道，吸引不了他们继续探索的欲望。很多时候，你越是欲说还休，男人就越是兴致盎然。

交际点睛：

一个聪明的女孩，要懂得优雅地对自己喊停："今天就到这里吧！"给对方留下一个欲语还休、余音袅袅的身影，会更加激起异性的探索精神。有时候，适当保留自己说话的权力，更能够增加自己的魅力，有助于营造良好的人际关系。

别让蓝颜知己变质

要想保持你与蓝颜知己之间的关系，一定要把持好自己，永远把爱人放在第一位。知己可以是同性，也可以是异性。蓝颜知己，则是女孩的那个特别的男性朋友，他位于自己的老公或男朋友之下，却在其他男性朋友之上。而女孩与其蓝颜知己的感情，用时下流行的话来说，就是第三类感情，双方只有纯洁的心灵交往，它超乎于寻常的友情，却又不能归属于爱情。女孩的蓝颜知己，在一定程度上都带有暧昧的色彩。这种关系很危险，如果你稍不留心往前一步就可能会造成出轨，将自己陷入其中。

王辉和张丽原本是一对很要好的朋友，他们彼此都有自己的家庭。张丽是一家高企的主管，王辉在政府部门工作，一次偶然的机会，两人相识了，在一来二去的交往中，两人的关系便熟稔了。张丽与老公是经过媒人介绍的，老公人很好，没有任何不良习惯，也很顾家。在她忙事业的时候，他主动承担了家里的所有家务。可是每当张丽在工作上遇到事情想与他探讨的时候，他总劝她别活得那么累，两个人在生活上几乎没有共同语言。在与王辉的交往中，张丽发现王辉是一个正直、精明、有思想的男人，当她遇到困难的时候，王辉都能给她一些好的建议，使她在工作上取得了很大的成就。刚开始两个人只是在电话上聊聊，偶尔在一起喝喝茶。张丽把工作及生活中与老公之间出现的问题都跟他诉说。很多时候，王辉会在一边默默地安慰她，看着王辉的眼神，她知道王辉对她也有好感，但是两人都没把那层窗户纸捅破。忽然有一天，王辉打电话约她出去聚聚。那天王辉在工作上遇到了不顺心的事，喝了些酒，说到伤心处，抽泣起来，张丽看着这个曾经意气风发的男人此刻这么伤心，不禁心如刀绞，把他紧紧地搂在怀里。那天晚上，他们都没有回家，第二天醒来的时候，两个人都感到后悔，匆忙分手了。因为他们都不能舍弃家庭，只好放弃了这段感情。他们觉得很痛苦，可是却再也回不到从前了。

不可否认，这个世上存在纯洁的异性友情，当你伤心难过的时候，他会拍拍你的背，告诉你一切都会过去；当你取得成就的时候，他会在一旁为你加油；当你迷茫无助的时候，他会给你指明前进的方向，但仅此而已。也许他是个懂得幽默、浪漫的人，但是他只能像朋友一样关心你，不可能会把你当成恋人。因为人的心灵空间是有限的，不可能同时放着两份同样的感情。因此，与你的蓝颜知己相处时，一定要把握好自己的心灵，保持一颗平静的心。

要想保持你与蓝颜知己之间的关系，一定要把持好自己，永远把爱人放在第一位。千万不能一时冲动，试图去尝试，一旦超越界限的话，必将面临两种结果，要么失去，要么成为情人。两种结果都不见得是什么好事，只会给自己带来无尽的痛苦。因此，一定把握好你们之间的关系，不要让你们的感情变了质。

交际点睛：

蓝颜知己就像是一道亮丽的风景线，如果你做不到心如止水地欣赏这美丽的景色，抑制不住自己的内心想去靠近他的话，还是一开始就远离他为好。也许，你会因为没有跟他共同生活而遗憾一时，你却可以因此获得一辈子心灵上的朋友。聪明的女孩，懂得"做朋友一世，做情人一时"的道理。因此，做个聪明的女孩吧，保持你们之间的距离，让你们心中永远保存着那份对彼此的"特别爱"，千万不要因为一时的糊涂，而丢掉自己身边的幸福。

捍卫尊严，理性面对性骚扰

天生丽质，是很多女孩梦寐以求的事情，但没有一个女孩愿意因为漂亮而成为性骚扰的对象。

年轻漂亮的女性可能会碰到这样的情形：当你挤公交的时候，总会有一些人向你身边挤来，更有甚者把胳膊放在你的肩上；当你与老板交谈的时候，他会突然满含深情地握住你的手，说一些不合适的话。面对这些让人尴尬的状况，洁身自爱的女性朋友们，一味地逃避不能解决问题的，那样只会让那些无耻之徒越来越放肆，一定要鼓起勇气，捍卫自己的尊严。你一定要敢于说“不”，态度一定要坚决，否则，只能让他们更加有恃无恐。

当好友芳芳向我说她打算辞职不干的时候，我问她为什么？她一开始支支吾吾的，后来实在被我逼急了，她才告诉我真正的原因。原来她的老板最近老是上班的时候单独把她叫去办公室里，美其名曰是给他汇报工作，实际上，每次他都用色迷迷的眼睛盯着她看，有时候，老板还既像下意识又像是关心似的用手拍拍她的肩，甚至抚她的头。刚开始的时候，她也没太在意，今天他竟然一把拉着她的手，往沙发上坐，她一时也不好意思挣脱自己的手，老板拉了很长时间才放下，并让她坐到自己的身边来，想起老板那嘴脸她就觉得恶心。她觉得自己受不了了，害怕明天老板会做出更加过分的动作，到那时她不知道该怎么办？她怕如果一旦自己声张的话，同事们肯定会取笑她，那时候自己更没脸在公司待了。她现在实在没勇气继续待在这个公司，所以她决定还是辞职算了。

像芳芳这样的女孩子在生活中并不少见，因为长得漂亮，更加容易吸引男性的目光。而面对性骚扰的时候，她们通常会手足无措，首先想到的就是逃避。可逃避不是办法，如果你在公司，你可以选择辞职，那么要是在公交车上遭到性骚扰的话，以后就再也不坐公交车了吗？所以，年轻女孩，首先我们做好防范工作，一旦出现这种状况时，更要学会如何有效应付。

1. 适度爱美，学会“藏美”

“爱美之心，人皆有之”，把自己打扮得漂亮点儿并不为过，但是艳丽的装扮、娇嗔的语气会让人无法忘记你的存在，同时也会让男性想入非非。要想远离骚扰，要学会把自己的美藏起来，尽量展示自己理性干练的一面，这样男人也会对你刮目相看。

2. 严格要求自己，不能因为贪图小便宜让他人有利可图

身处职场的女性，一定不要随便接受来自异性的馈赠，面对与工作业绩不相符的奖励与提拔，一定要当心里面潜藏的陷阱。很多时候，一些上司会利用给你提供的好处而提出交换。因此，要切记“天上不会掉馅饼。”

3. 表明自己的态度，敢于向那些无耻之徒说“不”

面对那些让人尴尬的场面，你的表现一定不能暧昧，要义正严词地拒绝，应以冷峻的态度表明你不喜欢、讨厌他的行为。一般男人对女孩的初次骚扰只是轻微地试探一下，如果你态度坚决地表明你的意思，他们就不敢采取下一步的行动。反之，你一味地沉默，会让他们越来越胆大。对于那些厚颜无耻的人，你可以把他的丑行公布于众，让大家都认清他的真面目，以免他继续祸害他人。

4. 对于那些行为很过分的，必要时可以运用法律武器，来捍卫自己的权益

一旦遭遇性骚扰，在你明确拒绝后，他仍然继续实施性骚扰，那你可以根据情况，从人证、物证、视听三方面采集有效的证据，把那些无耻之徒送上法庭，让那些实施性骚扰行为者受到惩罚，受到法律的制裁。

交际点睛：

日常生活中，对某些处于弱势地位的女性来说，遭遇性骚扰是防不胜防的。但女性不应该因为惧怕而退却，与无耻之徒斗智斗勇是当代女性的必修课，行得端、坐得正是女性战胜无耻之徒的重要法宝。所以，遭遇性骚扰，不用害怕，要勇敢地说“不”，用你的智慧去捍卫自己的尊严，去战胜性骚扰。

不要与“品行不好”的异性走得太近

现实中，人与人的交往构成了纷繁复杂的社会关系，人际交往是人们生活中不可缺少的重要活动。一个人所处的环境和交往的人群，将会产生一种强大的磁场，影响着他的思维方式和行为习惯，进而会决定他未来的命运。因此，女性朋友在交际中，一定要擦亮眼睛，认清自己身边的异性朋友。

“近朱者赤，近墨者黑。”一个人经常与优秀的人一起交往，自己也会变

得比以前更优秀,反之亦然。的确,在生活中,我们会不经意间接受来自周围朋友的一些潜移默化的影响,从而不知不觉地改变了自己的品行。古往今来,有许多真实的事例可以证明这一点。

古时的孟母三迁,正是由于孟母深谙“近朱者赤,近墨者黑”的道理。孟子的母亲把家安在学艺的旁边,孟子就去学艺,把家迁到屠户旁边时,他又去看人家杀猪。直到孟母把家迁到学馆旁边的时候,孟子才去学知识,最后才能得以成为伟大的思想家。一个人在什么样的环境下久了,必然会受到一定的影响。当你与一个品行不正的人交往时,可能别人不会去反对你,但却会让周围的人远离你。因此,聪明的女孩,还是远离那些品行不好的异性为好,这样才不会使自己的人际关系受损。

小杜原本是一个乖巧又聪明的小姑娘,刚进公司的时候,同事们都很喜欢与她交往,工作上有什么难题的话,大家都会主动帮助她。可是她进公司一段时间后,周围的同事渐渐开始远离她。原因很简单,她经常与公司一个很让人讨厌的男性走得很近,因此,大家对她也不再像以前那样亲密了,有什么事情也不会再去主动和她联系了。刚开始的时候,她并没有发觉异样,可是当她看到大家都躲着她的时候,她感到很苦恼,百思不得其解。一次,与好友聊天的时候,她把详情告诉了好友,好友就问她,大家对那个男的态度怎么样,她也如实回答,办公室的人对他也就见面打个招呼,根本没有人与他深交,大家似乎都不太愿意理他。她觉得那个男的,对她挺热情的,所以才和他走得挺近的。在好友的一番分析之后,她才明白过来。其实,与小杜接触比较频繁的小李是公司老板安插在办公室的眼线,此人最擅长溜须拍马,背后打同事的小报告,落井下石,因此,了解内幕的人都会和他离得远远的。平时,大家对他都敬而远之,有什么话也不会当着他的面说,怕万一他去老板那里添油加醋一番,自己岂不是跳进黄河也洗不清了,只有小杜天天和他有说有笑的。在大家看来,可能小杜和他也是一伙的,所以大伙都自动离她远远的。

对于身处办公场所的女性,在交友的时候一定要看清对方的真面目。当你和一个品行不好的人亲密交往时,可能你自己觉得你们之间没什么,但是在他人看来,你们就是一个类型的人,这会造成他人对你的信任危机,不利于办公室的人际关系的建立。与异性交往的过程中,当遇到“品行不好”的人时,一定要和他保持适当的距离,以免身受其害,被周围的人孤立,最后落得个孤立无援的境地。而且,那些品质低下的人,他并不会把你当成真正的朋友,当有什么事情发生时,你可能会成为他第一个出卖的对象。

交际点睛:

物以类聚,人以群分。观察一个人交往的人群,可以看出这个人真正的品质,这是千古不变的真理。聪明的女孩,要离那些“品行不好”的人远一些,以免让自己陷入四面楚歌的境地。

第 13 章

女孩交际要用心，重要场合应对自如

在现实生活中，女孩会出入各种重要场合，而女孩在人际交往过程中所具备的基本素质、交际能力等，在当今社会的人际交往和商务往来中发挥的作用越显重要。年轻女孩在生活或是工作中都会与各种人接触，在一些重要场合，须表现得落落大方，给客户和初次见面的人士留下良好的第一印象。

大方谈薪酬，赢得上司尊重

在美国的一本畅销书《女孩不提问题》中揭示了这样一种常见的现象：很多年轻女孩往往害怕和上司谈论薪水问题，20%的年轻女孩甚至一生中从未尝试着就自己的薪水与老板谈判，而男人则把这种谈判当成一个刺激的游戏。因此到了临近退休时，男女虽然以同样的能力开始工作，平均工资却有几倍的差距。

这一切都提醒年轻女孩要重视一个问题：如果想要更好实现和体现自己的价值，享受更优厚的薪水，就要学会大大方方地和上司谈论薪酬和职位提升。

1. 摆正心态

薪酬、职位、奖金等体现的是一个人的价值，往往与自己的能力、作用、表现、对公司的贡献息息相关。如果自己在以上这些方面表现都非常优秀，取得相应的薪酬就是你的权利，有什么值得羞于启齿的呢？相反，不注重自己的薪酬，反而让人怀疑你能力不足或者自信不足。既然年轻女孩能够在谈判中狠狠地向供货商杀价，就要学会自信地谈论自己的能力和使用价值。

2. 谨慎开口

在面试时，一般用人单位都会谈到薪资的问题。如果对方没有提起，你最好不要轻易把自己对薪水的要求讲出来，一是避免给对方留下差劲的第一印象，二是可以给自己进一步洽谈薪水留下余地。

如果老板问你目前的薪水时，最好不要直接回答数目，最好这样回答“过去的工资并不重要，关键是我的工作能力。”尤其当你的薪水偏少时，这时向你的老板展示你的能力和你为公司做出的贡献才是最重要的。

3. 心中有数，控制比例

自己所做工作的行内薪水大概在哪个范围之内，一定要做到心中有数，对自己的能力既不要妄自菲薄，更不能妄自尊大。一般老板会先跟你说个数，他们通常会对薪水的上下限都有数，会在限度内自由调整，弄清楚老板心中大致的上下限，谈薪就能更主动。如果对方给出的数目，与你的心理价位一致，可以要求对方高出大约10%的薪水；如果对方开出的薪水过低，抬高10% ~20%则是有必要的，最好不要用具体的数字，否则很容易造成僵局。也可以让对方提出工资的幅度，这样就可以继续讨论下去。

4. 留有余地

如果对方要求你先开价，一定不要将自己的底线定得太低，弄清楚行价，然后就自己的工作经验、价值估出自己的心理价位。心理价位的底线最好不要定得过低，因为雇主往往会盯住你的心理底线，给出的余地大一点，更有利于自己洽谈薪酬。

交际点睛：

酬劳是很重要的，它在一定程度上决定着你的社会价值和生活水准，尤其第一份工作的薪酬，直接决定着你对自己个人价值的心理定位，更要慎重。至于加薪、升职、奖金等，如果能在自己对公司做出贡献时，及时提出，更是对自己的人生有很大裨益。年轻女孩掌握谈薪的技巧，不仅让自己更自信，更能获得上司的尊重和青睐，因为薪资的数量和增加就是对你价值的一种肯定，自信地肯定自己，才能获得上司的肯定和尊重。

当众发言，女孩不怯场

妙语生香是年轻女孩魅力的另一种表现，在众人面前发言，使众人信服、受到吸引、受到感染和震撼，继而理解和信服你，是一种深沉的智慧。年轻女孩会发现私下闲聊是一件轻松的事，而当众讲话很难引起所有人的共鸣，繁冗、拖沓的语言，关于细枝末节的详细赘述，往往使你的语言失去感染力和影响力。

年轻女孩，怎样让自己的语言更有感染力和凝聚力呢？

1. 语气语调要积极自信

讲话最能感染别人的不是话语本身，而是讲话人的态度，语气语调就是态度的一种外在表现。如果发言虽然无误，但语调平白无味，寡淡如水，即使再优美的词句，也会显得说话人无精打采，听众也很难提得起精神，继而产生疲惫厌烦心理。留意自己的语调，明白什么样的语调会给别人造成什么样的印象，并加以改正和锻炼，能让自己说话时更有感染力。发现自己犹豫不太肯定时，不妨试着用积极的语气来纠正；发现话题被转变，不妨加重语气说一句"等一等，我还有一点意见"；发现话题被打断，不妨压低音调说"对不起，我还没讲完"。这样既能表现自己的不悦，又能获得他人重视，而且不至于咄咄逼人。

是轻松愉悦还是激情四射，是舒缓自然还是慷慨愤然，说话时的语调一定要与自己的态度、词句相符合，才能加重语言的感染力。

2. 语言要准确而严谨

凝练的语言要点就是准确而严谨，正如福楼拜所说"写一个动作，就要找到唯一的动词，写一件物体，要找到唯一的名词。"找到唯一恰当的那个词，那个句子，才能称得上语言凝练。口语虽然可以随意一些，但也要讲究准确，不蔓不枝，不拖泥带水，一语把自己最想说的，听众最想听的，最能达到效果的话准确讲出来，在这方面多使用成语、谚语和典故是一种捷径。

3. 情感真挚自然

当众发言不仅仅是展示女孩个人的修养，因此过于华丽、生动的语言，过分追求修辞，反而显得矫揉造作，有时会削弱语言的感染力量。女孩更容易因为崇拜华丽的辞藻，而忽略了自然真挚的表达方式。讲话时感受一下听众的情绪和心理需要，让自己的情感、观点和听众一致，更容易吸引他们。比如，在自己的生日宴会上，风度翩翩、神态依然地对朋友说"热烈欢迎朋友们来看我，大家都能来，我非常荣幸”倒不如简单热烈的一句“你们今天能来陪我，我特别高兴，大家今天都要尽兴啊！”更朴实自然，也显得更加诚挚，才更容易打动他人。

发言的过程往往也是总结、概括、升华的过程，言简义丰是讲话永恒的标准，只有准确而富有感染力的语言才能激起听众的共鸣。

交际点睛：

当众发言还需要语言的另一种特质——即凝练的语言，握起的拳头比张开的手掌更有力量，凝练的语言也能带来更多的凝聚力。有时一句话往往比一篇文章更有震撼力，更能感染听众，使之心头震动。

活跃职场，年轻女孩深谙沟通技巧

越来越多的年轻女性走进职场，说话沟通的方式成为体现女孩特有魅力的有力工具。怎样说话让人听起来舒服、轻松、让人信服而又能达到自己的目的？怎样说话更得体，能增加自己的威信，体现自己的修养？善于沟通不仅是现代职场女孩社交的一种手段，也是职业女性在社会中站稳脚跟的重要环节。

小静在公司新楼盘包装宣传的重要时期，因病告假了，上司临时把工作交给了同事小刘。因为休病假前，没有和小刘进行有关工作的交接，而告假后，小静又直接关掉了手机，小刘是新手，同媒体打交道，很多报社电视台的记者他都不熟悉，因此影响了工作效率和质量，两人都遭到了上司的批评。

交接工作时，或者宣布新的规则、奖惩制度时，或者方案、决策需要做出某些变更时，一定要和大家进行及时、有效的沟通，使大家明白目前面对的形势、变更的必要和实施的可能性。只有沟通足够充分，才能引起重视，被大家接受，也更有利于工作。工作上有任何转变或改换，当事人都应该主动寻求沟通，这既有利于双方相互理解，也会使工作更加顺畅，不耽误工作进展。

王女士刚刚调至某部门，就拟定了一份新的奖惩条款，下属议论纷纷。王女士却因为想立威没有让大家发表意见和想法，就结束了会议。可是一个月后发现：工作业绩不但没有提高，反而下降了三成，公司高层领导让她查找业绩下滑原因。开始，王女士认为是下属给新上司的下马威，很愤愤不平，后来通过会议明白原来自己制订具体的奖惩规定时，全凭个人的主观愿望，不切实际，而且事先和事后都没有征求这些业务员的意见，导致了下属的畏难情绪，产生抱怨，甚至消极怠工，业绩自然下滑。

女孩若是作为上司，尊重下属的意见很重要，有时候因为自己独断专行或者不了解下属工作的详细环节等，往往使自己的命令给下属带来不便，甚至障碍，或者使下属完全不可能完成目标。这样往往引起下属的抵触心理，甚至逆反心理，更不利于工作。中层领导在制订比较大的策略之前，最好广纳民意，执行期间应充分和下属沟通，向下属说明政策的意义和目的，尊重他们的意见，争取他们的理解和支持，才能更深入人心。

无论是拒绝还是批评，甚至是评论下属的工作时，都要给对方留下一点面子。给足别人面子，不仅是对对方的尊重，也是表达礼节、理解和敬意的一种方式。沟通时，一定要尊重对方，给别人一个台阶，最好用别人比较容易接受的说法。比如“关于……，我有些想法，或许你可以听听看。”或者“我是这样想的……，您觉得呢？要不要考虑考虑？”

另外，批评或者拒绝时，最好不要当众表达，私下沟通不同意见，更容易被对方接受。如果当众表达意见，最好用不点名方式，或者暗示，对方会听懂的，这样沟通会让别人心理上更容易接受一点。

交际点睛：

“礼多人不怪”，职场女孩不要因为厌烦，就忽略一些没有实际意义的

“客套话”。感谢别人的帮助，对给别人造成的不便表达适当的歉意，给别人一定的恭敬和感激，这些细节都不可缺少。职场做事，有了这些小细节的润滑，人际关系才会更好，工作才能更顺利。

饮酒礼仪，女孩从容应对

通常情况下，参加正式的宴会，不管是中餐还是西餐，酒都是餐桌上不可缺少的东西，同时，在它身上也体现出一些美妙与神秘。其实，不论是国酒，还是洋酒，良好的饮酒礼仪应该是尊重不同酒的文化，这才是最重要的。在餐桌上，最常见的酒有白酒、啤酒、葡萄酒、香槟酒，另外，在某些宴会场合，还有威士忌等。虽然，酒是男人的最爱，但若是缺少了女孩的品尝，那美酒便是徒有虚名了。对此，对于年轻女孩来说，在某些场合浅尝饮酒，这已经成了一种时尚与文化。但是，在饮酒的时候，如果不了解酒的文化就会显得缺乏修养，甚至被人暗暗嘲笑。而优雅且掌握饮酒礼仪则体现了女孩的品位与修养，使女孩的魅力在酒桌上尽情释放。

那天，小柯去参加男朋友公司的聚会，本来，打扮漂亮的小柯兴致勃勃，却没想，因为一个饮酒礼仪的不当而使自己变得灰头土脸，沮丧极了。

由于聚餐的大多数人都是中国人，于是，大家选择了中餐馆，点了一些白酒、啤酒，还有一些饮料。酒还没上桌的时候，小柯就很豪气地说：“我可是酒桌上的女中豪杰，平时与好朋友聚会，就数我喝酒最厉害了。”顿时，男朋友的同事都睁大了眼睛，忍不住对她称赞了起来，一位同事还发出了挑战：“行，一会儿咱们拼酒，看谁最厉害。”男朋友看了一眼小柯，面露不悦，但没说什么。

杯子里倒满了酒，按照酒桌上的规矩，应该是敬酒了。这时，坐在小柯对面的男士站起身来，双手举杯，说道：“来，我敬你们二位，希望你们能够永远幸福。”小柯和男友也站了起来，那位男士放低了自己的酒杯，男朋友的酒杯也放得更低，只有小柯一个人的酒杯端得高高的，男朋友用胳膊碰了碰小柯，示意她也放低酒杯，可正沉浸在酒劲里的小柯浑然不觉。只等酒下了肚子，坐了下来，男友才悄声对她说："敬酒的时候，酒杯要低于对方，这是尊重。"小柯脸红了，这时，她又发现自己鲜红的口红印正印在杯子的边缘上，她的脸更红了，头也低得很低。

敬酒是中餐宴会不可缺少的环节，尤其需要注重礼节。在上面的例子中，在敬酒的时候，小柯将酒杯高高举着，其实这就是失礼之处。另外，还将脱色的口红印留在了酒杯上，这更是表现出对他人的不尊重。这些看上去很细节化的东西，却能显现出一个人的礼仪修养。比如，在某些宴会上，看见不少年轻女孩举着葡萄酒干杯，或许，她们自己觉得这样的姿态很豪爽，其实这是不妥当的。要记住：白酒的文化是干杯，而葡萄酒的文化却是品尝。

下面，我们就简单地介绍饮酒的基本礼仪。

1. 如何点酒

想必，大多数女孩对于酒并不是很熟悉，只有少数女孩才是品酒的专家。对此，点酒的时候不要冒充内行，在一些高级餐厅里，会有擅长品酒的调酒师拿酒单过来。如果你对酒并不太了解，不妨告诉他你挑选的菜色、预算、喜爱的酒类口味，请调酒师帮你挑选合适的酒。

2. 优雅地接受斟酒

当别人为你斟酒的时候，你也要表现出女性的优雅。如果是啤酒，你可以一只手握着酒杯，一只手扶在杯底，这样会显得比较优雅。若是葡萄酒，你可以将葡萄酒杯放在桌子上，等待酒倒好，不要用手去扶着杯子，也不能把酒杯倾斜。如果你不需要，你可以简单说"不，谢谢"，或者用手稍微盖住酒杯，表示谢绝。

3. 祝酒礼仪

祝酒是餐会中的重要环节，对此，你需要做好充分的准备工作。通常情况下，主人会向主宾敬酒，这时，作为宾客，应该了解主人的祝酒习惯，以便自己做好准备。而若你只是旁人，在主人与主宾祝酒的时候，你应该暂停进餐，停止交谈，注意倾听。碰杯的时候，主人与主宾先碰，如果人比较多则可同时举杯，不一定要碰杯，不宜交叉碰杯。

敬酒是一门学问，敬酒的顺序应该是年龄大小、职位高低、宾主身份为序，敬酒之前就需要考虑好敬酒的顺序，这样才不至于到时手忙脚乱。如果与不熟悉的人一起喝酒，需要打听对方的身份或留意别人是如何称呼他的，这样有助于避免到时你叫错名字而出现尴尬的场面。在接受主人的敬酒之后，需要找个适合的机会，回敬主人酒。

4. 喝酒的礼仪

喝酒并不是一饮而尽，而是倾斜着酒杯喝，就像是酒倒在了舌头上喝。你可以轻轻摇动酒杯，但不宜动作猛烈。在敬酒的时候，不宜将酒一饮而尽，也不要边喝酒边看身边的人，不要拿着酒杯边说话边喝。如果你擦了口红，不要将口红印在酒杯沿上。

如果你向别人敬酒，应该起身站立，右手端起酒杯，或者右手拿酒杯，左手扶住杯底，面带微笑，真诚地面对他人。若是别人向你敬酒，不一定要一饮而尽，只浅浅地喝一口也可以。如果你实在不会喝酒，也需要站起来，将杯口在嘴唇上轻碰，表示对他人的尊重。

那些将口红印在酒杯沿上的女孩，通常被认为最没有礼貌的女孩。如果你不想给别人留下这样的印象，建议你在参加餐会的时候，尽量不要使用脱色的口红，或者，在涂了口红后用纸巾轻轻按压，这样就不容易脱色。若是不小心将唇印印了上去，应该及时擦净。

交际点睛：

作为年轻女孩，不宜通宵达旦无节制地狂欢酗酒，也不能在酒席上与他人发生争执。在饮酒的时候要注意自己的举止，尽量做到“浅尝辄止”，千万不要因为自己的酒量大，就失去了礼仪，失去了优雅。喝酒时不能发出声音。如果不小心碰倒了杯子，把酒洒得到处都是，也不要大喊大叫，只需要请服务员过来帮忙收拾就可以了。

出席各种宴会，遵守适宜的礼数

无论在西方还是在中国，宴会都是职场社交活动中较常见的形式之一。对于一个年轻女孩来说，了解一些宴会的基本礼仪知识，无疑是益处多多。另外，宴会也是人际交往中促进关系发展的重要手段，在参加宴会的过程中，足以让宾主之间关系得到进一步的发展，也能够通过参加宴会结识新朋友，扩大自己的交际圈子和视野。而中国人向来喜欢在餐桌上讲话，在这时候通常能够看出一个人的修养和内涵。女性在宴会中一直占据着重要的位置，从古代君王宴会时必有歌女在一旁助兴，到今天的每次宴会都少不了几位女性朋友。

小红是一个刚毕业的大学生，毕业以后，她很幸运，很快就找到了一份日企的工作。工作中，她也一直很卖力，就是为了能在公司有晋升的机会，可是一次小小的失误让她在公司几百人面前毫无颜面。

这家日企的老板对中国菜很喜欢，几乎是痴迷，而每次公司宴会也是以中餐为主。小红是刚来的新手，在她到公司两个月以后，老板就提议要办一次宴会。小红对这次宴会并没有在意，因为她早打听了是中餐，就没有太在意。

那天，老板带着公司员工来到了事先定好的饭店。菜一上齐后，小红就随便坐了下来。这时，主管提示她：“这不是你的位子，这是部门经理的，你应该坐那边！”小红却说：“真麻烦，哪里不都一样？”幸好那个部门经理很有涵养，忙说：“是啊，那里都一样！”而接下来，小红犯了更严重的错误，她素来吃饭不雅，吃饭的时候居然发出很大的声音，咂着嘴，好多女同事都在笑话她，她还不知道。这时候，老板用不流利的中文说：“吃饭是不能发出声音的，这样很不优雅！”小红这才意识到自己的失礼之处，大家顿时被老板的话逗笑了，小红羞愧难当。

餐桌上尽显女孩的素质和涵养，而由于小红没有对这件事足够的重视，使得她在公司众人面前丢了面子，而且，给公司同事留下了不好的印象。由此可见，参加宴会并不是一件简单的事情，也并不是穿上漂亮衣服就能够优雅起来的。其实，宴会上值得年轻女孩学习的礼仪很多，大到坐位的安排次序，小到水果盘中牙签的用法，而概括起来，大概有以下几个方面。

1. 应邀礼仪

当自己接到宴会邀请的时候，不管是请柬还是邀请信，是否出席需要尽早答复对方，这样便于主人好安排。一般情况下，邀请函上注有“请答复”字样的，无论你出席与否，都应该快速答复。若是注有“不能出席答复”字样的，则不能出席的时候才回复，但也要回复及时。

在答应接受邀请之后，不要随意改变主意。实在不得已的情况下不能出席，如果你又是主宾，应及早向主人解释、道歉，甚至亲自登门致歉。另外，在出席宴会之前，需要核实宴请的主人，宴会举办的时间以及地点，是否邀请了配偶，以及对参加宴会着装的要求。

2. 掌握好时间

出席宴会，你抵达的时间迟或早，逗留的时间长或短，在一定程度上反映着对主人的尊重，而迟到、早退、逗留时间过短会被视为失礼或有意冷落。如果你身份较高，则可以略晚到达。对于一般客人，应略早到达而宴会结束后，需要主宾退席后再陆续告辞。

在出席酒会的时候，应在请柬上注明的时间内到达。在宴会进行中，如果有事需要提前退席，应该向主人说明情况后悄悄离去，或者提前打招呼，届时离席。

3. 礼节性地祝贺

到达了宴会的地点，应先到衣帽间脱下大衣和帽子，然后前往主人迎宾处，主动向主人问好。如果是庆祝活动，应表示衷心的祝贺；也可以按照当地习惯，赠送鲜花。若是参加家庭宴会，可以给女主人赠送少量的鲜花。

4. 宴会的座次

参加正式宴会，应听从主人的安排，如果桌上有桌签，一定要看清楚对号入座，切不可随意乱坐。可以先了解自己的桌次和座位，入座时应留意座位卡上是否写着自己的名字。如果旁边是年长者，应主动协助他们先坐下。

5. 就餐时的仪态和举止

在入席的时候，需要有优雅的风度与良好的仪态：一双手应该是干净的，头发应该梳得整齐，椅子摆放适当。身子坐直，双脚靠拢，两脚平放在地上，不可将两腿交叠，双手不宜放在邻座的椅背上，或者把手放在桌上，更不要把双肘撑在餐桌上，这都是失礼之处。

就餐的时候，不管菜肴是否可口，都应该吃一些，表示尊重，不要拒绝。进餐的时候自然大方，从容进食，不能狼吞虎咽，暴饮暴食，也不要过分地细嚼慢咽，扭扭捏捏，这样给人的感觉很做作。

当然，优雅女孩的吃相也应该是优雅的：咀嚼食物的时候应双唇合拢，不要发出很大的声音；进食应要适中、适度；不要去夹离自己很远的食物；喝汤的时候不可啜饮，而应一口咽下。在餐桌上，如果控制不住要打喷嚏、咳嗽的时候，应用手帕捂住口鼻，低头向一旁，尽量避免发生很大的声音，且轻声说“对不起”。

6. 就餐时言谈的礼仪

在西方人看来，宴会上需要保持安静，少说话，但是，并不是宴会上不能交谈。一般情况下，宴会上的谈话应该是自由的、随意的。但是，在交谈的过程中，还需要注意几个问题：如果你想与旁边的人说话，不宜用手碰对方；与旁边的人说话，不需要将自己背朝着另外一个人；不要隔着别人来进行两个人的交谈，比如，与餐桌对面的人交谈时，嘴里在咀嚼食物的时候，不宜说话。在正式宴会上，说话不宜太多，口若悬河只会令人厌烦，要学会控制自己的情绪，不要就某个问题而进行争论，也不要在餐桌上嘲笑别人。

7. 就餐礼仪禁忌

在使用餐具的时候，不要使用餐巾布或餐巾纸去擦拭，避免引起误会；给客人布菜的时候，一定要使用公众餐具；宴会结束后，不要当着别人的面拿走桌上的东西，包括烟酒、饮料、水果等。

交际点睛：

当一个漂亮又有气质的女孩坐在餐桌前，不仅可以让在座的男士赏心悦目，也可以适当地调和餐桌气氛。因此，作为一个年轻女孩，更应该知晓一些宴会礼仪。要知道，当你优雅地出席在宴会上，那就是你最美丽的时刻。

女孩不可不知的西餐知识

随着中西文化的不断融合，西方越来越多的文化、风俗、习惯被介绍到中国来。在异国文化的传播过程中，那些原来不被中国人所接受的饮食习惯逐渐成了一种潮流。而西餐就是其中引领时尚的潮流之一。如今在中国，西餐越来越流行，许多年轻女孩都渴望自己坐在华丽的西餐厅里，优雅地用刀叉切着五分熟的牛排。对她们来说，接受一种新鲜而又陌生的饮食习惯，似乎是一种挑战，更是一种展现自己美丽的机会。但是，也有不少女性认为吃西餐，不就是学好刀叉的使用就行了吗？其实，像吃中餐一样，西餐也有它自己的一套礼仪，西餐礼仪远比切牛排复杂得多了。因此，掌握一些必备的西餐礼仪，才能使女孩在就餐时优雅从容，仪态万千。

婷婷是外语系的学生，在即将毕业的时候，她凭着自己过人的口语能力被聘请到一家外贸公司上班。最近，圣诞节快到了，公司为了替在中国的外国客户庆祝节日，公司决定举办一个大型的西式自助餐会，同时还邀请了不少外国客户以及公司的全体员工。

婷婷在这之前很少吃西餐，她既紧张又很兴奋，但是却不料因为不熟悉西餐礼仪，在餐会上出了不少洋相。当餐会一开始的时候，婷婷就兴奋地端起自己面前的盘子去取菜，等她吃得津津有味的时候，却发现同事都用那个盘子来装食物的残渣；她又为了节省自己去取食物的路途，她从离自己最近的水果沙拉开始动起，但这时候同事们却在吃冷菜；因为婷婷的刀叉位置放得不正确，她还没有吃完就被服务员把菜收走了。

就这样，一顿饭吃下来，婷婷显得浑身不自在。

因为不熟悉西餐礼仪，准白领的婷婷闹出了不少的笑话。一般而言，吃西餐在很大程度上讲就是一种情调：大理石的壁炉、熠熠闪光的水晶灯、银色的烛台、缤纷的美酒，优雅迷人的举止，这本身就是一副令人陶醉的油画。因此，为了使你在吃西餐时举止更加优雅娴熟，花一些时间来熟悉这些西餐礼仪，这是很有必要的。

1. 就餐前准备

当你就餐前应该从椅子的右侧入座，等你就坐之后，要端正自己的身体，手肘不要放到到桌面上来，也不要跷着二郎腿，不要贴着餐桌。你与餐桌之间要保持一定的距离，以便于使用餐具，不要随便摆弄餐桌上摆好的餐具，将餐巾对折轻轻地放在膝上。

2. 刀叉的使用

当你在使用刀叉进餐的时候，应该从外侧往内侧取用刀叉，左手持叉，右手持刀；当你在切东西时需左手拿叉按住食物，右手持刀将食物锯切成小块，然后用叉子送进口中；使用刀的时候，刀刃不能向外；进餐的时候，如果放下刀叉并摆成“八”字形，刀刃朝向自己，这就表示自己要继续吃；暂停用餐时，可将刀叉相对着斜放在盘子的左右两边，服务员就不会撤走盘子；吃完一盘后，应将刀叉平行竖放盘中，服务员会主动收去。

需要记住的是：千万不要拿着刀叉在空中挥舞摇晃，也不要一手拿着刀或者叉，一手拿着餐巾擦嘴，也不能一手拿着酒杯，一手拿着叉取菜。在任何时候，都要把刀叉放在餐盘里，而不是一端放在盘上，一端放在桌上。

3. 就餐礼仪

当开始正式进餐的时候，每次送进口中的食物不宜过多，在咀嚼食物时不要与人说话；如果汤菜太热，可以稍等片刻，凉了之后再吃，喝汤时要用汤勺从里向外舀，吃完汤菜要把汤勺留在汤盘中；如果是吃鱼、肉等带刺或骨的菜肴时，不要直接向外吐，而是用餐巾捂嘴轻轻吐出来放在盘里；如果盘里只剩下少量的菜肴，不要用叉子刮盘底，你可以用小块面包或者叉子辅助食用；吃面条的时候，要先用叉子将面条卷起来，然后送入口中。

食用面包的时候，要掰成小块送入口中，而不是拿着整块面包去咬。即便是在抹黄油或果酱时也要先将面包掰成小块。吃鸡的时候，应先用力把骨头去掉，不要直接用手拿着吃；吃鱼的时候，不要将鱼翻身，要吃完上层后用刀叉将鱼骨剔掉后再吃下层；吃肉时，要切一块吃一块，块不能切得过大，或一次将肉都切成块。

交际点睛：

如果你能够熟练掌握以上的西餐礼仪，那么你就可以成为油画里那个优雅迷人的女孩了。当然，在具体的西餐宴会上，则需要灵活运用这些礼仪，这样才使你在突发状况时能够随机应变、应付自如。

女孩参加中餐宴会，处处有讲究

随着人们生活水准的提高，人们对饮食礼仪的要求也越来越高。而作为中国人的传统饮食习惯的中餐，看似最平常不过，用餐时却是有一番讲究的。年轻女孩要注重中餐宴会上的礼仪修养，才能在交际场合中应变自如，才能落落大方。俗话说得好，餐桌是最能体现一个人修养和素质的地方，尤其是中餐,因为中餐要注意的细节很多,中餐宴会上,处处有礼仪。

中餐在中国已经有几千年的文化,但是随着中西文化的融合,很多女孩对中餐礼仪的重视程度已经在慢慢消减,对中餐礼仪的一知半解会让女孩在中餐宴会上手足无措,甚至还会犯基本的礼仪错误,这会让女孩在众人面前颜面尽失,也是一个女孩缺乏修养的表现。

中餐和西餐的一大区别就是餐具的使用上,中餐使用的是筷子,而西餐则是刀叉。筷子的使用是中餐宴会上女孩要注意的地方,使用筷子,通常必须成双使用。以下一些筷子的使用方式是非常不礼貌的:拿着筷子犹豫不决夹哪道菜;用完筷子不将筷子放在筷架上,而架在碗碟上;用筷子在碗盘里翻找;在夹汤汁多的菜肴时用筷子抖掉汤汁;把筷子竖插在食物上面;用筷子敲打碗盘的边缘;一次性夹着多种菜肴塞到口中。这样的做法显得非常狼狈:已经用筷子夹起了食物,但是不吃又放回去;用舌头去舔筷子,不论筷子上是否残留着食物:拿着筷子相互摩擦筷尖;用筷子在汤碗中不断搅拌混合;用筷子将碗挪到自己面前; 和人交谈时,一边说话一边像指挥棒似地挥舞着筷子,甚至用筷子指着别人,而不将筷子暂时放下。

以上是筷子使用方面应该注意的。中餐的餐具还有杯、盘、碗、碟、匙等。女孩在使用这些餐具时,切记力度不能过大,要轻拿轻放,也不要发出餐具间的摩擦碰撞声;其次,餐具的摆放上一定要整齐,不可显出杯盘狼藉的样子。

除了餐具使用上的礼仪,还有用餐时的就座,很多女孩以为只是吃顿饭而已,不必讲究,其实这是一种错误的想法。就座顺序体现着每个人的地位和身份,这是一种尊重。女孩要记住这些:左高右低:当两人一同并排就座时,通常以右为上座,以左为下座。这是因为中餐上菜时多以顺时针为上菜方向,居右者因此比居左者优先受到照顾。中座为尊:三人一同就餐时,居中坐者在位次上要高于在其两侧就座之人。面门为上:倘若用餐时,有人面对正门而坐,有人背对正门而坐,依照礼仪惯例则应以面对正门者为上坐,以背对正门者为下座。观景为佳：在一些高档餐厅用餐时，在其室内外往往有优美的景致或高雅的演出，可供用餐者观赏，此时应以观赏角度最佳处为上座。

再者，女孩的仪容和装束也是宴会礼仪的一部分，中餐宴会都比较正规，女孩切不可穿着随便，和宴会的气氛不容，这会让女孩成为整个宴会的“另类”，也会让人觉得其不懂规矩。无论天气如何炎热，也不能当众脱下外套；也不可有很频繁的小动作，这让人觉得女孩很不耐烦。

餐后，一般的中餐宴会还会上水果，女孩切不可狼吞虎咽，不要把如梨、苹果等稍大的水果整个拿着吃，这样很不雅。

女孩不能忘了宴会的最后一个礼仪，宴会结束时，女孩向宴会的主办人道谢，还要向参加宴会的其他人道别，不要宴会结束就匆匆离开，这样显得很没教养和礼貌。

交际点睛：

这些是女孩在中餐宴会上应该注意的，女孩应该注意的礼仪还很多，这要看宴会上的临时情况。总之，女孩要本着得体、大方的方式用餐，不可扭捏作态，不然就贻笑大方了。懂得礼仪才会让女孩在各种场合都人见人爱！

参考文献

[1] 赵菲儿. 女孩天生有资本全集[M]. 北京:中国长安出版社,2010.

[2] 陈璟. 58 招把孩子培养成交际高手[M]. 北京:经济科学出版社,2013.

[3] 王娜娜. 给女孩的第一本人际交往书[M]. 北京:中国画报出版社,2013.

[4] 刘瑞琴. 让孩子学会处世:独生子女交际能力阶梯培养[M]. 北京:作家出版社,2014.